AF298087

DISCOVRS
SVR LES
PRINCIPES
DE LA
CHIROMANCE.

Par le Sr DE LA CHAMBRE,
Conseiller du Roy en ses Conseils,
& son Medecin ordinaire.

A PARIS,

Chez P. ROCOLET, Impr. & Lib.
ordin. du Roy, Au Palais, aux
Armes du Roy &de la Ville.

M. DC. LIII.
Auec Priuilege du Roy.

ADVIS
AV
LECTEVR.

L'OVVRAGE que je te donne, n'est pas comme tu pourrois penser, vn Dessein que j'aye formé à plaisir, ou que la seule curiosité d'vn de mes Amis m'ait fait entreprendre : Outre le soin que j'ay eu de le contenter, j'ay voulu satisfaire à l'obligation que j'ay contractée auec le public : Et j'ay creu que d'vne

ã ij

mefme chofe je pouuois faire vn
prefent & payer vne debte. S'il
t'en fouuient, LECTEVR, je
me fuis engagé il y a long temps
à mettre au jour L'ART DE
CONNOISTRE LES HOM-
MES; j'en ay defia publié quelques Traitez; ET comme de-
biteur de bonne foy, ne pouuant
tout payer comptant, je tafche
de m'acquiter peu à peu felon
qu'il me vient quelque fonds entre les mains. Celui-cy eft fans
doute affecté à cette grande
debte, puifqu'il fait partie des
DISCOVRS PRELIMINAI-
RES qui feruent d'Introduction
à toute la Science. Car comme
ell' eft composée de diuerfes
Pieces, & que la Metopofcopie

& la Chiromance n'en font pas
les moins confiderables ; Cét
Ouurage en examine les principes ; & fait voir à mon aduis, par des raifons folides &
par des obferuations tirées de la
Medecine, qu'ils font mieux
eftablis qu'on n'a creu jufques à
prefent. Il y a de l'apparence
que la recherche d'vne chofe fi
cachée, où Cardan, Apponenfis,
Achillinus, Patricius, & tant
d'autres grands Efprits ont trauaillé auec fi peu de fuccez, te
donnera la curiofité de fçauoir
comment j'y auray reüfsy. Je
dois mefme efperer que fi je ne
te fatisfais pas entierement : la
difficulté de l'entreprife, & le
courage que j'ay eu de la ten-

ter, me feront meriter enuers
toy quelque approbation ou
quelque excuse. Aussi me faut-
il l'vne ou l'autre si tu desires
que ie te donne les autres Traitez qui doiuent faire auec celui-cy l'entrée & le frontispice
de cet Art merueilleux que ie
t'ay promis; sinon, tu m'exemp-
teras de la peine que i'auray à
les acheuer, & toy, de l'ennuy
que tu aurois à les lire.

9

EXTRAICT DV PRIVILEGE DV ROY.

LE ROY par ſes Lettres patentes données à Paris le 9. Février l'an de grace 1653. ſignées DE MONCEAVX, & ſcellées du grand ſceau : A permis au Sieur DE LA CHAMBRE *Conſeiller en ſes Conſeils, & ſon Medecin ordinaire,* d'Imprimer, faire Imprimer en tel volume & caractere qu'il luy plaira, par tel Imprimeur ou Libraire qu'il voudra choiſir, vn Liure par luy compoſé, Intitulé *Diſcours ſur les Principes de la Chiromance.* Et deffences ſont faites à toutes perſonnes de quelque qualité & condition qu'elles puiſſent eſtre; d'Imprimer, vendre & debiter ledit Liure pendant le temps & eſpace de douze ans, à commencer du jour & datte des preſentes : Comme auſſi d'en extraire quelques pieces particulieres ſoubz quelque condition que ce ſoit, ſans le conſentement dudit ſieur DE LA CHAMBRE, ſoubz les peines portées par leſdites Lettres; Et ſa Majeſté entend, que mettant vn bref Extraict dudit Priuilege; à la fin ou commencement dudit Liure, foy y foit adjouftée comme aux Originaux.

Acheué d'Imprimer le 19. Féurier 1653.

Les Exemplaires ont efté fournis.

Ledit fieur DE LA CHAMBRE a confenty & accorde que P. ROCOLET, Impr. & Lib. ordin. du Roy, vende & debite ledit Liure, fuiuant l'accord fait entr' eux.

A MONSIEVR
BEIOT
DOCTEVR
EN MEDECINE.

ONSIEVR,

Quand vous me follicitez
de mettre par écrit l'entretien
que nous auons eu ensemble
touchant la Chiromance, &

A

que vous tâchez à me perſua-
der que le public ne doit pas
eſtre priué des raiſonnemens
que vous m'auez entendu faire ſur ce ſujet ; Ie me ſouuiens
de la priere que les amis de
Sòcrate luy firent autrefois
de ſe faire peindre , & de la
confuſion qu'il en eut, apres
auoir ſatisfait à leur deſir: Car
auant cela on ne s'auiſoit preſque pas des deffauts que la
Nature auoit mis ſur ſon viſage , & on ne commença à les
reconnoiſtre & à s'en moquer
qu'apres qu'ils furent repre-
ſentez ſur la toile. La meſme
choſe m'arriuera ſans doute ,
quand ie mettray ſur le papier
les diſcours dont vous m'aſ-

seurez que le recit vous a
pleu ; Ils n'auront plus pour
vous la grace de la nouueauté
qu'ils auoient alors ; Ils ne se-
ront plus accompagnez du
plaisir de la promenade & de
la conuersation qui les ren-
doit agreables ; Et paroissant
deuant les yeux, dont le iu-
gement est bien plus seuere
que celuy des oreilles , ils
n'auront aucun deffaut qui
ne se fasse remarquer, & qui
ne me charge de la honte &
du regret de vous auoir obey.
Que sera-ce donc quand i'auray d'autres Iuges que vous
qui estes mon amy , & qui
auez de la curiosité pour ces
sortes de sciences ? & quand

ie trouueray dans le public
tous les esprits preocupez de
cette opinion que ce sont des
connoiſſances vaines, & dont
tous les principes & toutes les
promeſſes sont imaginaires ?
Nonobſtant tous ces perils où
vous m'engagez, ie veux bien
ſatisfaire à ce que vous deſi-
rez de moy, & remettre à vn
examen plus ſerieux les choſes que ie ne vous ay dites
que par diuertiſſement : Car
apres cette ſeconde épreuue
que vous en allez faire ſi vous
les iugez de bon alloy, ie ne
doute point qu'elles ne puiſſent & qu'elles ne doiuent entrer dans le commerce des
Lettres. Et certainement s'il

y a quelque chofe de raifonnable dans les coniectures
que i'ay euës, & fi du moins
elles peuuent faire naiftre le
foupçon d'vne verité qui a
efté ignorée iufques à pré-
fent, il eft iufte d'en donner
aduis au public, afin d'exciter
ceux qui trauaillent à la recherche des merueilles que
Dieu a cachées dans l'homme, à faire vne plus ample
découuerte de celle-cy, & y
adioufter leurs obferuations,
qui pourront acheuer ce que
ie n'auray fait que commencer. Car quelque baffe & vile
que foit la Chiromance, la
Philofophie y peut trouuer
des fujets qui ne feront pas in-

dignes de ſes plus hautes &
plus nobles meditations ; Elle
ne dédaigne pas de deſcendre
iuſques aux Arts les plus ob-
ſcurs pour les éclairer ; & ſem-
blable à la lumiere du Soleil
qui ſe meſle auec les choſes
impures ſans ſe corrompre
& en tire des vapeurs qu'elle
eſleue iuſques aux plus hautes
regions de l'air ; elle s'abaiſſe
ſans bleſſer ſa dignité iuſques
aux moindres effets de l'art
& de la nature & en tire des
connoiſſances qu'elle peut
mettre au rang de ſes ſpecu-
lations les plus ſublimes. Et
ſans doute quoy que ie ne ſois
pas de ceux par qui elle puiſſe
executer de ſi grands deſſeins ;

Ie pense pourtant auoir ren-
contré quelque chose qui
n'est pas indigne de ses soings;
& qui ne doit pas seulement
contenter la curiosité de ceux
qui ayment la Chiromance,
mais qui peut encore seruir à
l'vsage de la Medecine. Car si
ie puis bien establir ce principe, QVE CHAQVE PARTIE
NOBLE A VN CERTAIN EN-
DROIT DE LA MAIN QVI LVY
EST AFFECTE´, ET AVEC
LEQVEL ELLE A VNE LIAI-
SON ET VNE SYMPATHIE
PARTICVLIERE : Outre
que ce sera vn grand preiugé
pour la disposition des Planettes que cette science a
placées aux mesmes lieux, &

dont elle a fait le principal fondement de toutes ſes re-gles. On en tirera encore de fortes preſomptions, pour iuger que la bonne ou mau-uaiſe diſpoſition des princi-pes de la vie ſe peut connoi-ſtre dans la Main; & qu'entre les autres parties du corps il y a comme en celle-cy des rapports & des ſympathies qui ne dépendent point de la diſtribution des vaiſſeaux, ny de la ſtructure qu'elles ont, mais d'vn ſecret conſente-ment qui les lie & les aſſocie enſemble. Ce qui ne ſera pas vn petit ſecret pour l'ouuer-ture des veines, & pour l'ap-plication des remedes en

certains

9

certains endroits , comme
nous dirons cy - apres.

C'eſt donc à l'eſtabliſſement
de ce grand Principe que ie
pretends m'occuper icy. Car
de deſcendre iuſques aux regles particulieres de cette
ſcience & d'en donner les raiſons , comme vous m'auez
entendu faire de quelques-
vnes ; outre que ce ſeroit of-
fencer la ſeuerité de la Philoſophie ; que de l'amuſer à
des choſes qui ſont pour la
pluſpart fauſſes ou incertai-
nes , n'eſtant point verifiées
par de iuſtes obſeruations ;
ce ſeroit trop flater l'aueugle-
ment de ceux qui leur donnent plus de creance qu'elles

B

ne meritent; & abufer mefme du temps que nos occupations nous demandent.

Mais afin que vous ne vous plaigniez pas de ce retrâchement, i'adioufteray aux difcours dont ie vous ay entretenu, les raifons qui m'ont fait entrer en foupçon qu'il y auoit quelque verité dans la Chiromance, & qu'elle pouuoit auoir des fondemens plus affeurez que plufieurs ne s'imaginent. Et ie ne doute point qu'elles ne faffent le mefme effet dans l'efprit de tous ceux qui les voudront confiderer fans preoccupation, puis que les chofes mefmes qui deuroient la rendre

suspecte, & rebuter ceux qui
s'y voudroient occuper, sont
celles qui peuuent l'authori-
ser & faire naistre l'enuie d'en
auoir la connoissance.

En effet comme le premier
& principal fondement de la
Chiromance est la disposition
des Planettes qu'elle a diuer-
sement placées dans la main :
car elle a mis Iupiter au premier doigt que l'on nomme
INDEX, Saturne au second,
le Soleil au troisiesme, Mer-
cure au quatriesme, Venus
au poulce, Mars aux creux
de la main, & la Lune dans sa
partie inferieure. Ce fondement dis-je qui renuerse l'ordre naturel des Planettes,

& qui par conſequent ſemble
eſtre pluſtoſt vn effet du ca-
price des premiers Inuen-
teurs de cette ſcience, que
d'aucune raiſon qu'ils ayent
euë pour les ranger de la ſorte; bien loing de la pouuoir
par là rendre ſuſpecte de fauſ-
ſeté, eſt à mon aduis vne des
choſes qui donne les premiers
ſoupçons de la verité qui s'y
trouue. Car il faut que l'eſprit humain qui eſt ſi amou-
reux de la proportion & qui
par tout où il la peut faire
couler; ne manque iamais
d'en orner & d'en enrichir ſes
imaginations, ne l'ait pas ou-
bliée icy ſans ſujet, & qu'il ait
eſté forcé par la verité des

experiences que l'on a faites, de changer l'ordre des
Planettes qu'il a conſerué
ſi exactement dans la Me-
topoſcopie & dans mille autres rencontres où il a eu la
liberté d'en faire l'applica-
tion. Et ſans doute ſi c'eſtoit
vne pure imagination, il eut
eſté plus facile & plus raiſonnable de mettre Saturne au
premier doigt, Iupiter au ſecond, Mars au troiſieſme, le
Soleil au quatrieſme, & ſuiure ainſi le rang que ces Eſtoiles gardent entr'elles, que de
les tranſpoſer comme on a
fait. Ou s'il euſt fallu le changer, il ſemble qu'il euſt eſté
plus à propos de faire gou-

uerner le plus grand doigt par
le plus grand aftre, ou de luy
donner celuy qui eft le plus
mobile, que le troifiefme qui
eft le moins agiffant. De forte qu'il y a grande apparence
qu'vne fi extraordinaire difpofition des Planetes n'eft pas
vn ouurage de la phantaifie
de ceux qui ont les premiers
trauaillé à cette fcience, mais
de la neceffité qu'ils ont euë de
fuiure les raifons & les experiences qui leur marquoient
cette verité.

Mais l'obferuation qu'Ariftote a rapportée dans fon hi-
ftoire des animaux augmente
bien ce premier foupçon. Car
dans cét ouurage incompara-

ble où l'on peut dire que là
nature s'est découuerte & s'est
expliquée elle-mesme, il af-
feure que dans la Main il y a
des lignes qui felon qu'elles
font longues ou courtes, marquent la longueur ou la briefueté de la vie. Et comme c'est
là vne des premieres regles de
la Chiromance, il est à croire
qu'elle ne luy estoit pas incon-
nuë, & que cét admirable Efprit n'euft pas voulu faire entrer dans vne histoire qui de-
uoit estre vn des plus beaux
portraits de la nature, vne
chofe douteufe & de la verité
de laquelle il n'euft pas esté
bien affeuré. Que fi elle est
certaine comme l'experience

l'a depuis confirmée, il n'y a
point de perſonne raiſonnable
qui ne iuge que la Main doit
auoir vne liaiſon plus forte
auec les principes de la vie
que toutes les autres parties
exterieures où ces marques
ne ſe trouuent point ; Que ces
marques ſont des effets qui
doiuent faire connoiſtre la
bonne ou mauuaiſe diſpoſition des principes d'où ils
procedent ; Et qu'enfin il y a
dans cette partie des merueilles qui ne ſont pas encore bien
connuës , & que ſi l'on en
pouuoit acquerir la connoiſſance on y trouueroit peut-
eſtre celle dont la Chiromance ſe vante.

Enfin

Enfin qui voudra prendre
garde que les Lignes qui font
dans la Main font differentes
en tous les hommes ; qu'en
vne mefme perfonne elles
changent de temps en temps ;
Et que toute cette diuerfité
ne peut venir d'aucune caufe
interne ou externe qui nous
foit connuë ; Il fera contraint
d'aduoüer que tous ces characteres font les effets de quelque fecrete influence qui les
imprime en cette partie ; Et
que ne fe faifant rien en vain
dans la Nature, ils ont leur vfa-
ge particulier & marquent à
tout le moins l'alteration qui
fe fait dans les principes qui
les produifent. Car de vouloir

C

rapporter ces impreſſions à l'Articulation & aux Mouuemens de la Main, comme quelques-vns ont fait, c'eſt vne choſe qui ne ſe peut ſouſtenir; puiſque les Articulations ſont égales en tous les hommes qui ont pourtant toutes leurs lignes inégales; Qu'il s'en trouue beaucoup où il n'y a aucune articulation, comme dans l'eſpace qui eſt entre les iointures des doigts; Que les enfans qui viennent de naiſtre & qui tous ont eu les mains fermées d'vne meſme ſorte ſans faire preſque aucun mouuemét, ont neantmoins beaucoup de lignes qui ſont differentes en chacun d'eux; Que

ceux qui exercent vn mefme
art & qui doiuent par confequent faire à peu prés les mefmes mouuemens , les ont
neantmoins auffi diuerfes que
s'ils eftoient de contraire pro-
feffion ; Qu'en vne mefme perfonne elles changent , quoy
qu'il ny ait aucun changemét
dans fa façon de faire ; Et
qu'enfin dans le front où il n'y
a aucune articulation , & que
tous les hommes remuent
d'vne mefme maniere , il fe
trouue encore de pareilles lignes qui ont la mefme diuerfité que celles de la Main.

On peut encore adioufter
à ces confiderations l'antiquité de la Chiromance , qui doit

auoir esté en vsage deuant
Aristote, puis que ce qu'il dit
des lignes de la main est vne
de ses obseruations & de ses
regles; l'employ qu'elle a donné à tant de sçauans hommes
qui s'y sont occupez & qui
l'ont mesmes honorée de
leurs écrits ; Et les iugemens
admirables que l'on a faits selon ses maximes. Car c'est vne
chose qui va iusques à l'eston-
nement que de 45. personnes
que Cocles auoit preueu par
elle deuoir mourir de mort
violente, Cardan remarque
qu'il n'en restoit que deux qui
de son temps estoient encore
en vie, à qui ce mal-heur ne
fust arriué.

Mais pour en dire franche-
ment la verité ce ne font là
comme nous auons defia marqué que de legers foupçons
qui ne concluënt pas pour la
certitude de cette fcience.
Car pour l'ordre des Planettes
qu'elle a changé, cela fait bien
prefumer qu'elle ne l'a pas fait
fans raifon : mais la queftion
demeure toufiours indecife, à
fçauoir s'il eft vray que ces
Aftres ayent quelque pouuoir
fur la Main & fi chacun y a vn
endroit particulier qui luy
foit affecté. L'authorité d'A-
riftote peut auffi eftre conte-
ftée : Et toute cette diuerfité
de lignes peut auoir d'autres
caufes & d'autres vfages que

ceux que la Chiromance luy
donne. D'ailleurs quelque an-
ciéne qu'elle puiſſe eſtre il y a
de vieilles erreurs qui ont a-
buſé tous les ſiecles paſſez ; &
quoy qu'elle ait eſté cultiuée
par de grands eſprits, il y en a
eu de tout temps qui ſe ſont
amuſez à des curioſitez auſſi
vaines que peut eſtre celle-cy.
Enfin tous les témoins & les
exemples qu'on apporte pour
la deffendre, ne doiuent pas
auoir plus de poids ny plus de
force que ceux dont ſe vante
la Geomance, l'Onomancie,
& autres ſortes de diuination
qui ſont toutes imaginaires &
ſuperſtitieuſes, & qui pourtant ne manquent pas de pro-

tecteurs ny de fuccez dans les
iugemens qu'elles font.

D'vn autre cofté toutes ces
dernieres raifons ne la con-
damnent pas tout à fait, & ne
font autre chofe contr'elle fi-
non qu'elles la rendent douteufe, laiffant l'efprit dans l'in-
certitude de ce qu'il en doit
croire & dans le defir de s'en
éclaircir.

Or le feul moyen pour arriuer là, c'eft d'en examiner les
principes, & de voir s'il y a
des raifons qui les puiffent
fouftenir : Car s'il s'en trouue
de certains & de bien eftablis,
il n'y a point à mon aduis, de
perfonne raifonnable qui ioi-
gnant les precedens foupçons

auec la verité de ces Principes, ne confeſſe que ſi la
ſcience qu'on a baſtie deſſus
n'eſt pas encore bien aſſeurée,
elle la peut deuenir par les di-
ligentes & exactes obſeruations qu'on y peut adiouſter:
Et que ſi elle ne peut promettre tout ce que l'Aſtrologie
luy fait eſperer par les Aſtres
qu'elle a placez dans la Main;
elle peut du moins iuger de la
bonne ou mauuaiſe diſpoſition des parties interieures
qui ont ſympathie auec elle,
& donner par là de grandes
ouuertures pour la conſeruation de la ſanté & pour la gueriſon des maladies. Car quand
elle ſeroit reſtrainte dans ces
bornes

bornes & qu'elle ne ſe pourroit vanter d'autres choſes, ce
ſeroit touſiours vne ſcience
tres-conſiderable & qui par
l'excellence de ſes connoiſſances & par l'vtilité qu'elle peut
apporter ſeroit digne de la
curioſité des plus ſeueres Phi-
loſophes & de tous ceux qui
s'appliquent à la recherche
des merueilles de la nature.

Ce ſont là les conſiderations
que i'ay euës auant que de
mettre à l'examen le principe
dont i'ay parlé cy-deſſus, qui
eſt à vray dire le principal
fondement ſur lequel la diſpoſition des Planettes dans les
diuers endroits de la Main eſt
appuyée & preſque l'vnique

D

source d'où se tirent tous les iugémens que la Chiromance peut promettre.

La methode que i'y ay tenuë est de monstrer.

1. Qu'il y a des situations plus nobles les vnes que les autres.
2. Que les plus nobles situations sont destinées pour les parties les plus excellentes & que l'excellence des parties se tire de l'vtilité qu'elles apportent.
3. Quelles vtilitez apportent les Mains.
4. Que la Main droite est plus noble que la gauche.
5. Que le mouuement commence au costé droit.
6. Que les Mains ont vn plus

grand partage de la chaleur
naturelle.

7. Que les Mains ont plus de
communication auec les parties nobles.

8. Que les parties nobles enuoyent aux Mains de secretes vertus.

9. Que la nature ne côfond point
les vertus, & par consequent

10. Que les vertus des parties
nobles ne sont pas receuës aux
mesmes endroits de la Main.

11. Que le foye a sympathie auec
le premier doigt.

12. Que le cœur a sympathie auec
le troisiesme doigt.

13. Que la rate a sympathie auec
le grand doigt.

14. Que toutes les parties inte-

rieures ont sympathie auec les
autres parties de la Main.

15. Que le visage est vn racourcy de toutes les parties exterieures.

16. Que toutes les parties ont
sympathie les vnes auec les autres, &

17. Que la distribution des Veines qu'Hippocrate a faite pour
marquer cette sympathie, n'a
point esté entenduë d'Aristote
ny de Galien.

18. D'où vient la rectitude que
la nature garde dans ses eua-
cuations.

19. Que les Astres dominēt dans
les diuerses parties de la Main.

20. Que les Astres gouuernent les
parties interieures.

21. *Que la Lune domine sur le cerueau.*

22. *Que le Soleil gouuerne le cœur.*

23. *Que les autres Planetes gou-uernent les autres parties in-terieures.*

24. *Que les principes establis re-glent beaucoup de choses dou-teuses dans la Chiromance.*

POVR donner vn solide commencement à cette recherche ; il faut remarquer qu'il y a trois ordres de SI-TVATION dans lesquels tou-tes les parties des animaux, si on en excepte le cœur, se trou-uent placées, le Haut & le Bas,

Art. 1.
Qu'il y a des Situa-tions plus nobles les unes que les autres.

le Droit & le Gauche, le Deuant & le Derriere. Mais ils
ne font pas égaux en origine
ny en dignité, & il y a diuerfité de perfection non feulement entr'eux, mais encore
entre les termes & les differences dont ils font compo-
fez. Car le Deuant & le Derriere font plus nobles que le
Droit & le Gauche, & ceux-
cy que le Haut & le Bas : Mais
encore le Deuant eft plus noble que le Derriere, le Droit
que le Gauche, & le Haut que
le Bas.

La raifon de cefte diuerfité
vient premierement de ce que
ces trois ordres de fituation
répondent aux trois dimen-

fions qui fe trouuent en tout
corps naturel, la longueur, la
largeur & la profondeur ;
comme celles-cy répondent
aux trois efpeces de quantité
qui entrent en tout corps Ma-
thematique, la ligne, la furface & le folide. Car la ligne
fait la longueur, & la longueur
produit le Haut & le Bas;De la
furface vient la largeur & de
celle-cy le Droit & le Gauche;
Et le folide produit la profondeur, comme la profondeur
fait naiftre le Deuant & le
Derriere.

Or comme la ligne eft plus
fimple & premiere par nature
que la furface, & celle-cy que
le folide; auffi la longueur de-

liance naturellement la largeur , & celle-cy la profondeur ; Et en suite l'ordre de situation du Haut & du Bas est
plus simple & premier que celuy du Droit & du Gauche ,
comme celuy-cy l'est à l'égard
du Deuant & Derriere. De
sorte que la Nature faisant
tousiours ses progrez des choses les moins parfaites à celles
qui le sont dauantage , il s'ensuit non seulement que la ligne & la longueur sont moins
parfaites que le solide & la
profondeur ; Mais encore que
la mesme diuersité se trouue
dans les ordres de situation
qui répondent à chacune d'elles : Et que par consequent
celle

celle du Deuant & Derriere eſt la plus noble, que celle du Droit & du Gauche l'eſt apres, & que celle du Haut & du Bas l'eſt moins comme eſtant la premiere & la plus ſimple de toutes.

En effet nous voyons que toutes ces choſes ont eſté diſtribuées aux corps ſelon l'excellence qu'ils deuoient auoir. Car ceux qui ſont viuans croiſſent premierement en longueur & en ſe perfectionnant ils acquierent la largeur & la profondeur : Les Plantes ont bien le Haut & le Bas, mais elles ſont priuées du Droit & du Gauche, du Deuant & du Derriere. Il n'y a que les ani-

E

maux qui poſſedent ces dernieres differences ; encore y
en a-t'il qui ne les ont pas toutes, cela n'eſtant reſerué que
pour ceux qui ont les parties
mieux diſtinguées & le mouuement plus regulier.

Ce n'eſt pas pourtant à dire
que toutes ces ſortes de Situation ne ſe puiſſent trouuer
dans les corps purement naturels : mais elles y ſont incer-
taines & eſtrangeres n'ayant
aucun principe interne qui
les arreſte & les détermine ;
& ce n'eſt que par rapport aux
choſes animées qu'elles s'y
font remarquer. Car ce qui
eſt le Haut & le Deuant d'vn
pilier, en peut eſtre le Bas & le

Derriere , & celuy qui est à
Droit peut estre mis à Gauche
sans mesme changer de place.
Mais il n'en va pas ainsi dans
les choses viuantes & animées
où toutes les differences de situation qu'ont leurs parties
sont inuariables estant fixées
& determinées par les vertus
& par les operations de l'ame.
Voila pour ce qui concerne
les genres de Situation com-
parez entr'eux.

Mais qui voudra conside-
rer les termes & les differences dont chacun est composé,
trouuera encore qu'il y en a
tousiours vne qui est plus noble que l'autre, parce que c'en
est le principe & que le prin-

cipe eſt plus excellent que ce qui en dépend. Car le Haut eſt le principe du Bas, le Droit l'eſt du Gauche, comme le Deuant l'eſt du Derriere.

En effet le Commencement eſt vne ſorte de principe, & le commencement des trois principales operations de l'ame ſe fait en ces trois diffe-rences de ſituation. Car la Nu-trition commence par le Haut, le Mouuement par le Droit & le Sens par le Deuant. Et de vray la Bouche qui eſt la pre-miere porte des alimens d'où ils ſont apres diſtribuez par tout le Corps, fait le Haut dans tous les animaux, comme la Racine le fait dans les plantes;

d'où vient que la langue Latine appelle hautes, les racines
qui font profondes, Et l'on a
dit que l'homme eſtoit vn ar-
bre renuerſé, non parce que ſes
cheueux qui ont quelque reſ-
ſemblance auec les racines,
ſont en haut & celles-cy en
bas; mais parce qu'il a ſa bouche directement oppoſée à
celle des arbres: car on ne peut
douter que la racine ne ſoit la
bouche des plantes puis qu'elles prennent par là leur nourriture & que de là elle eſt portée à toutes leurs autres parties. Le ſentiment commence
auſſi par le deuant, car hors le
ſens du toucher qui a deu
eſtre répandu par toutes les

parties de l'animal, tous les autres sens sont placez au deuant, parce que les sens deuoient conduire & regler le
mouuement qui se fait toûjours en auant ; & qui commence par le costé droit comme nous monstrerõs cy-apres.
D'où il s'ensuit que le Haut, le
Droit & le Deuant sont les
principes des autres & qu'ils
sont par consequent plus nobles qu'eux.

Art. 2.
De la si-
tuatiõ des
parties ex-
cellentes.

OR la Nature tient cette
maxime qu'elle place les
choses les plus excellentes dãs
les lieux qui sont les plus nobles, cõmme on peut voir dans
l'ordre où elle a mis toutes les

principales parties de l'Vniuers ; Et partant il faut que
dans l'homme qui est le racourcy & l'abregé du monde,
les parties ayent aussi vn rang
conforme à leur dignité; Et
que l'on puisse dire, non seulement que les plus excellentes
sont dans la plus noble situation , mais encore que celles
qui sont dans la plus noble situation sont les plus excellentes. Car il s'ensuit de là que les
Mains qui sont au haut, sont
plus excellentes que les pieds
qui sont au bas, & la main qui
est au costé droit que celle qui
est au costé gauche. Mais comme l'Excellence des parties se
tire de l'vtilité qu'elles appor-

tent à l'animal , il faut voir
pour le deſſein que nous auons
entrepris à quoy peuuent ſeruir les Mains , en quoy elles
ſont plus vtiles que les pieds ,
& quel vſage a la droite par
deſſus la gauche.

Art. 3.
*A quoy
ſeruent les
Mains.* PRemieremét il eſt certain
que tous les animaux qui
ſót cópoſez de ſág & que pour
cette raiſon on appelle parfaits, ont eſté pourueus de quatre organes pour ſe mouuoir
d'vn lieu à l'autre , leſquels répondent aux 4. premieres differences de ſituatió que nous
venons de marquer , à ſçauoir
au haut & au bas , au droit &
au gauche. Car il n'y a point
eu

eu d'inſtrumens qui répondent aux deux dernieres, à
ſçauoir au derriere & au deuant, ne ſe trouuant aucun
animal qui ſe meuüe naturellement en arriere, & les autres organes pouuant ſatisfaire au mouuement qui ſe fait
en auant comme l'experience
fait voir. Cette verité paroiſt
dans tous les genres des Animaux parfaits; veu que la pluſpart de ceux qui ſont terre-
ſtres ont quatre pieds; les oyſeaux en ont deux auec deux
aiſles; les poiſſons ont quatre
nageoires; & les ſerpens font
en rampant quatre plis differens. Et toutes ces parties leur
ſont tellemét neceſſaires pour

le mouuement progreſſif qui
leur eſt naturel, que s'il leur en
manquoit quelqu'vne, ils ne le
pourroient faire qu'auec peine. Car les oyſeaux ne peuuent voler quand ils ont les
iambes rompuës ; ny les poiſſons nager quand ils ont per-
du quelqu'vne de leurs nageoires ; ny les ſerpens ramper
ſi on leur a coupé les parties
du corps qui font les derniers
plis de leur mouuement. D'où
il faut conclure que les Mains
qui ſont du rang de ces quatre
inſtrumens qui ſont deſtinés
au mouuement progreſſif, ſeruent à celuy de l'homme &
que s'il en eſtoit priué il ne feroit pas ce mouuement auec

tant de facilité. En effet on ne peut courir qu'auec grande peine quand on a les mains liées, on ferme & ferre les poings quand on veut fauter, & dans le marcher ordinaire le bras fe retire toufiours en arriere quand la iambe du mefme cofté s'auance. A quoy il faut adioufter que dans l'enfance elles feruent de pieds; que lors qu'on eft tombé on ne peut fe releuer fans elles; & que s'il faut monter ou defcendre en des lieux difficiles elles ne font pas moins vtiles que les iambes, Qui font des des marques éuidentes que ces parties contribuent au Mouuemét progreffif de l'homme.

Mais comme la Nature eſt
vne grande ménagere des choſes qu'elle fait & qu'elle en tire tous les ſeruices qu'elle
peut, elle ne s'eſt pas conten-
tée de ce premier vſage qu'elle a donné aux mains ; elle les
a encore deſtinées à tant d'autres employs qu'il eſt preſque
impoſſible de les marquer &
d'en tenir compte. De ſorte
qu'on a eſté contraint de les
mettre en parallele auec l'En-
tendement & de dire que
comme il eſtoit la forme des
formes les ayant toutes en
puiſſance, les Mains eſtoient
auſſi l'inſtrument des inſtrumens ayant tout ſeul la vertu
de tous les autres, Car c'eſt par

elles que l'homme prend &
retient les choses qui luy sont
necessaires & agreables; c'est
par elles qu'il se deffend &
qu'il vient à bout de celles qui
luy sont nuisibles & domma-
geables; ce sont enfin les principales ouurieres de tous les
arts & les outils generaux dót
l'esprit se sert pour mettre au
iour ses plus belles & plus vtiles inuentions. Et sans doute
elles donnent vn si grand ad-
uantage à l'Homme par dessus
les autres animaux, que si l'on
ne peut pas dire comme cét
ancien Philosophe, qu'il est
sage parce qu'il a des mains,
on peut du moins asseurer
qu'il paroist sage parce qu'il a

des mains. Apres cela il ne faut
pas s'eſtonner ſi elles ont eſté
placées au haut bout comme
au lieu le plus honorable & ſi
la nature les a approchées autant qu'elle a peu du ſiege de
la raiſon & des ſens auec leſquels elles ont tant de commerce & de liaiſon.

Art. 4.
Que la main droi-
te eſt plus
noble que
la gauche.

MAis quoy qu'elle les ait
miſes en meſme rang
pour ce regard , elles ne luy
ſont pas pourtant en meſme
conſideration : Elle traite la
DROITE comme l'aiſnée &
comme celle qui eſt la premiere en dignité. Car ſi les choſes
qui ſont les plus actiues ſont
les plus excellentes & les plus

confiderables, il faut que la
main Droite qui eſt plus forte
& plus agile que la Gauche,
ſoit auſſi la plus excellente. Or
elle a plus de force & d'agilité
parce qu'elle a plus de chaleur
qui eſt la ſource de ces quali-
tez-là : Et elle a plus de chaleur, non ſeulement parce
qu'elle eſt du meſme coſté que
le ventricule droit du cœur *Ariſt. 3.*
où le ſang eſt le plus chaud & *de part.*
le plus boüillant ; non ſeulement parce que le foye qui eſt
la ſource du ſang eſt plus pro-
che d'elle ; non ſeulemét parce
que les veines de toutes les parties droites ſont plus amples
cóme dit Hipocrate; mais encore parce qu'elle eſt placée au

coſté droit où le mouuement
doit touſiours commencer.

Car comme les eſprits ſont
les principaux organes de toutes les actions du corps & que
la Nature les enuoye plus abō-
damment où elles doiuent
eſtre les plus fortes & les plus
penibles ; Il ne faut pas douter
que le mouuement deuant
commencer au coſté droit &
tous les appreſts qui luy ſont
neceſſaires & le principal effort qu'il demande ſe deuant
faire en cét endroit ; il n'y ait
vne plus grande quantité d'eſprits qui y accourent, qui l'é-
chauffent & qui le fortifient
par la chaleur qu'ils portent
auec eux & par les ſecretes influences

fluences des principes de la
vie qu'ils luy communiquent.
De là vient que les parties
mesmes qui ne seruent de rien
au Mouuement & qui sont de
ce costé-là, se ressentent de cette force & de cette vigueur
qui estoit destinée pour cette
seule action. Car l'œil droit
est plus fort & plus exact que
le gauche, & la rectitude de
la veuë qui se fait par tous les
deux ensemble, dépend abso-
lument de luy : Tous les organes qui seruent à la generation & qui sont de ce costé-là
forment les masles, & ceux
qui sont au gauche les femel-
les : Et generallement parlant
les maladies attaquent plus

G

ordinairement les parties gau-
ches comme celles qui ont le
moins de chaleur & qui font
par confequent les plus foibles.

Art. 5.
Que le
mouuemēt
commence
au cofté
droit.

OR que le Mouuement
commence naturelle-
ment au cofté Droit, c'eft vne
verité qui ne peut eftre con-
teftée fi l'on confidere ce qui
fe paffe dãs tous les Animaux.
Car ceux qui font à quatre
pieds commencent toufiours
à marcher par le pied droit de
deuant ; Et les autres qui n'en
ont que deux, leuent toûjours
le droit le premier. On porte
mieux les fardeaux fur l'épau-
le gauche que fur la droite

parce qu'il faut que le principe du mouuement soit libre
& débarassé : Et les Peintres
n'oublient iamais dans l'assie-
te qu'ils donnent à leurs figures de tenir la iambe gauche auancée comme on la
tient ordinairement quand
on est debout, dautant que
c'est la posture qui met la droite en estat de se mouuoir quãd
on voudra marcher. Il se trouue mesme des animaux qui
n'ayant peu à cause de leur fi-
gure auoir les deux differences du Droit & du Gauche
comme les Pourpres & tous
les autres qui ont leur écaille
en forme de limaçõ, n'ont pas
pourtant esté priuez de celle

du Droit; parce que fe deuant
mouuoir, il falloit qu'ils euf-
fent le principe du Mouuement.

Toutes ces veritez eſtant
donc ainſi eſtablies à ſçauoir
qu'il y a des lieux & des endroits dans le corps qui ſont
plus ou moins nobles ; Que
les plus nobles ſont deſtinez
pour y placer les parties les
plus excellentes ; Que l'excellence des parties ſe tire de l'v-
tilité qu'elles apportent ; Et
que par conſéquent les Mains
qui par les diuers ſeruices que
elles rendent ſont placées au
haut comme au lieu le plus
noble, doiuent eſtre plus excellentes que les pieds.

Il reste maintenant à monstrer qu'elles reçoiuent vn se-
cours plus considerable des
principes de la vie & que toutes les parties nobles leur
communiquent quelque ver-
tu plus grande qu'à quelqu'autre que ce soit.

A Ce dessein il faut pre-
mierement remarquer
que la Nature a plus de soing
des parties qui sont les plus
excellentes ; qu'elle les forme
ordinairemét les premieres; &
qu'elle apporte plus d'art à
les faire & plus de preuoyan-
ce pour les conseruer qu'elle
ne fait aux autres. Cela paroist
dans l'ordre qu'elle garde dans

Art. 6.
*Que les
Mains ont
vn plus
grand par-
tage de la
chaleur
naturelle.*

leur premiere conformation :
Car apres le cœur & le cerueau qu'elle ébauche les premiers, les yeux qui sans difficulté sont les plus délicats &
les plus nobles organes , pa-
roissent auant toutes les autres parties, & mesmes auant
qu'il y ait aucun vestige du
foye, de la rate & des reims.
La Bouche en tous les animaux est aussi vne des premieres formées apres les yeux; les
organes du mouuement pro-
gressif se voyent en suite &
puis on remarque le foye, la
rate & les autres visceres ;
comme font foy les dernieres
& les plus exactes obseruatiós
de l'anatomie. D'ailleurs nous

voyons que les parties hautes
font pluftoft acheuées & que
les enfans les ont plus grandes
& plus fortes que les baffes;
d'où vient qu'ils ont tous la
mefme proportion qui fe
trouue dans la taille des Nains,
& qu'ils ne fçauroient marcher parce qu'ils ont les iambes trop courtes & trop foibles.

Or il eft certain que tout le
foing que la Nature prend des
parties, foit en les formant les
premieres, foit en auançant
leur perfection, dépend de la
chaleur naturelle qu'elle leur
communique en plus grande
abondance. Car c'eft l'inftru-
ment general de toutes fes

actions & le veritable sujet où
resident toutes ses facultez.
De sorte que s'il y a des parties qui soient formées les premieres, il faut qu'elles ayent
eu les premieres portions de
cette chaleur qui est tousiours
plus pure & plus efficace dans
sa source : Et si elles se perfe-
ctionnent auant les autres, il
faut que ce soit par vne appli-
cation particuliere de cette
qualité qui agit là plus forte-
ment qu'en vn autre endroit;
& qui pour ce sujet est inces-
samment secouruë par l'influence des Esprits qui l'aug-
mentent & la fortifient. D'où
il s'enfuit que les Mains qui
sont formées auant tant d'autres

tres parties & qui se trouuent
pluſtoſt parfaites & accom-
plies que les pieds, ont eu auſſi
vn plus auantageux partage
de la chaleur naturelle & vne
plus ample diſtribution des
eſprits que celles-là n'ont euë.

MAIS ſi nous voulons
conſiderer ces parties
dans vn eſtat plus parfait &
dans le temps qu'elles peuuent
executer les principales fon-
ctions où elles ſont deſtinées,
il eſt certain que le Cœur le
Foye & le Cerueau leur com-
muniquết quelque vertu plus
grande qu'ils ne font aux autres parties. Car outre les
actions de la vie naturelle &

H

senſitiue qui leur ſont communes auec elles, le Mouuement progreſſif leur eſt particulierement reſerué. De ſorte
que pour faire cette action où
il y a plus de peine & où il faut
plus de forces, elles ont beſoin
qu'il leur vienne vn plus grand
ſecours & vne plus forte influence de la part de ces membres principaux qu'il n'en eſt
neceſſaire aux autres actions
de la vie, Ainſi il leur faut plus
de ſang, plus de chaleur & plus
d'eſprits ; plus de ſang pour
rendre leur conſiſtance plus
ferme, plus de chaleur vitale
pour leur inſpirer plus de force, & plus d'eſprits animaux
pour leur porter outre le ſen-

timent, la faculté motiue: Car
sans ces conditions là ces
organes sont inutiles & aucun
mouuement ne se peut faire.
En vn mot puis que les instrumens ne sont instrumens que
par la vertu qu'ils tirent de la
cause qui les employe, il faut
que ces parties qui sont les instrumens du Mouuement, reçoiuent aussi des principes du
Mouuement la vertu qui les
fait agir; Et par consequent ils
ont cette vertu de plus que les
autres, ils ont de plus les esprits
qui la leur portent, ils ont
donc aussi plus de communication auec les parties nobles
qui sont les sources de ces esprits & de cette vertu.

Ceste raison est à la verité cõmune aux Mains & aux Pieds à l'égard des autres parties; mais si l'on y adiouste l'auantage que la situation haute a par dessus la basse, l'excellence des parties qui y sont placées, & les soings particuliers que la Nature en prend, comme nous auons monstré; elle fera voir que dans cette distribution d'esprits & de vertu, les Mains ont esté les mieux partagées & par consequent que elles ont plus de communication auec les parties nobles que les Pieds ou quelqu'autre membre que ce soit.

MAIS outre cette com-
municatiõ qu'elles ont
auec elles par le moyen des
veines, des arteres & des nerfs,
il y en a d'autres plus secretes
qui ont des voyes & des pas-
sages plus obscurs & qui neat-
moins découurent bien plus
clairement la verité que nous
cherchons. Car s'il est veritable que les lignes de la Main
marquent la longueur & la
briefueté de la vie selon qu'elles sont longues ou courtes,
comme Aristote & l'experience nous l'apprennent ; Il faut
non seulement qu'il y ait vn
plus grand rapport & vne plus
forte liaison des principes de

Art. 8.
Que les
parties no-
bles en-
voyẽt aux
mains de
secretes
vertus.

la vie auec elle, qu'il n'y en a
auec toutes les autres parties
où ces marques ne se trouuent
point : Mais encore il est necessaire que les parties nobles
qui sont les sources où ces
principes de vie sont renfer-
mez, luy communiquent quel.
que secrete influence qui ne se
puisse rapporter aux vertus
ordinaires & manifestes qu'elle en reçoit ; puis que le sang
ny les esprits, la chaleur ny le
mouuement qu'elles luy distri-
buent, ne seruent de rien à rendre ses lignes longues ou courtes, ny à marquer la longueur
ou la briefueté de la vie.

Cette secrete sympathie qui est entre la Main & les parties nobles estant donc presupposée, en attendant que nous la prouuions plus amplement par des obseruations plus iustes & plus particulieres : Il faut mettre pour vn principe certain, que la Nature ne confond point les vertus principalement les formelles & specifiques qui ont tant soit peu d'opposition entr'elles, & qu'elle les separe tousiours autant qu'elle peut. Car sans mettre en auant les maximes de l'Astrologie qui a diuisé le Ciel en tant de Planetes & d'Estoiles, en tant de Signes &

de Maiſons differentes en vertu : Il n'y a aucun ordre de
choſes dans l'Vniuers où ceſte
verité ne ſe reconnoiſſe : Dans
les Animaux parfaits les qualitez qui ſont neceſſaires à la
generation ont eſté partagées
aux deux ſexes ; dans chacun
d'eux les facultez qui gouuernent la vie ont chacune leur
ſiege particulier ; Et tous les
ſens ont leur organe propre &
leur fonction ſeparée. Qu'on
examine les plantes, les Mine-
raux & les pierres on y trouuera la meſme diſtinction : Et
ſans s'amuſer au détail qu'on
en pourroit faire, il ſuffit de la
remarquer dans l'Aymant
où elle eſt ſi ſenſible qu'on
n'en

n'en peut douter sâns aueu-
glement & sans ſtupidité. Car
dans vn corps homogene,
dont la compoſition eſt égale
par tout & où il ſemble que
toutes les parties deuroient
auoir vne meſme puiſſance;
Il ſe trouuè neantmoins qu'il
y en a quelques-vnes auſquel-
les les qualitez magnétiques
ont eſté partagées, & qu'il y a
deux pôles où elles ont eſté
placées ſeparement. Et ſi ce
que l'on pretend auoir obſerué depuis peu eſt veritable,
qu'il y a vn Meridien fixe en
cette pierre, il faut que tous
les autres le ſoient auſſi & par
conſequent ils ont chacun
vne inclination differente,

I

Tant il eſt vray que la Nature
ayme à ſeparer les vertus, tant
elle en hait la confuſion & le
meſlange. En effet ſi elle ne
gardoit exactement cét ordre, les choſes ſe feroient ſouuent contre ſon deſſein, vne
qualité en deſtruiroit vne autre , & les effets ne répon-
droient pas à leurs cauſes ny à
la fin où ils ſont deſtinez.

Art. 10.
*Que les
vertus des
parties no-
bles ne ſont
pas placées
aux meſ-
mes en-
droits de
la Main.*

SI cela eſt ainſi & s'il y a des
vertus particulieres que
les parties nobles communiquent à la Main, il faut qu'elles
ne ſe confondent point enſemble, qu'elles ne ſoient pas
placées en meſme endroit; Et
partant il faut qu'il y ait vn

lieu deſtiné pour celle du
Foye, vn autre pour celle du
Cœur & ainſi de toutes les au-
tres.

Mais la grande difficulté eſt
de ſçauoir quels ſont ces endroits & ces lieux particuliers
où ces influences ſont receuës.
Car bien que la Chiromance
nous aſſeure que le premier
doigt a ſympathie auec le
Foye, le ſecond auec la Rate, le
troiſiéme auec le Cœur &c.
Elle n'apporte aucune preuue
conuainquante de cette verité ; Et quelques experiences
qu'elle mette en auant pour la
ſouſtenir, elles laiſſent toûjours en doute ceux qui ne ſe
veulent payer que de raiſons ;

& paſſent ſouuent dans leur
eſprit pour des phantaiſies &
des groteſques que la curioſité humaine s'eſt forgées. A la
verité qui pourroit bien eſtablir cette ſympathie par des
obſeruations qui fuſſent faites
dans vn autre reſſort que celuy de la Chiromance, & que
la Medecine ou quelqu'autre
partie de la Phyſique eût four-
nies ; il ſe pourroit vanter
d'auoir découuert le myſtere
de cette ſcience, & d'auoir
trouué l'ynique fondement
ſur lequel la verité de tous lès
autres eſt appuyée. Pour moy
ie ne pretends pas apporter
toutes celles qui ſeroient neceſſaires pour en faire la preu-

uë entiere. Ie croy neãtmoins
en auoir quelques-vnes qui la
peuuent commencer ; Et qui
apres en auoir demonstré vne
partie , laisseront vne presom-
ption inuincible pour tout le
reste , & l'esperance qu'on
pourra l'acheuer apres auoir
soigneusement obserué ce qui
arriue à cét organe admirable.

L A PREMIERE que nous
deuons donc proposer
est pour monstrer le consente-
ment & la sympathie que le
FOYE a auec le premier doigt
que l'on nomme INDEX. Elle
est tirée de la Medecine qui
nous apprend que la ladrerie
a sa source & son siege princi-

Art. II.
*Que le
foye a sym-
pathie auec
le doigt
Index.*

pal dans le Foye ; & qu'vn des
premiers fignes qu'elle donne
pour fe faire connoiftre, pa-
roift à ce doigt-là. Car lors
que tous les mufcles de la
Main & de tout le Corps mefme font pleins & fucculens,
ceux qui feruent au mouuement de ce doigt fe fleftrif-
fent & fe deffeichent ; principalement celuy qui eft dans le
Thenar c'eft à dire, dans l'ef-
pace qui eft entre luy & le
poulce ; où tout ce qui eft de
charneux fe confume & où
il ne refte rien que la peau &
les fibres qui font applaties
contre l'os. Or cela ne peut
arriuer de la forte qu'il n'y ait
quelque analogie & quelque

secret cõmerce entre le Foye
& cette partie, puis que c'est
vne des premieres qui reffent
l'alteration qui se fait dans sa
substance : Estant vray de dire
qu'il n'y a point de maladie
qui corrompe tant la nature
du Foye & qui destruise non
seulement sa vertu mais sa substance mesme, comme celle-
cy, qui pour ce suiet est appel-
lée le cãcer vniuersel du Foye
& de la masse du sang. Galien
sans doute ignoroit cette sympathie que le raisonnement
tout seul ne sçauroit découurir, quand pour en estre in-
struit il eut besoin qu'elle luy
fust reuelée en songe : Car il
rapporte que s'estant trouué

attaqué d'vne violente douleur qui luy faisoit craindre
vn abçez dans le foye, il eut
aduis en dormant de se faire
ouurir l'artere qui coule le
long de ce doigt, & que ce
remede luy appaisa en vn mo-
ment là douleur qu'il auoit
ressentie fort long-temps au-
parauant. Ce qui marque éuidemment qu'il y a quelque
communication particuliere
entre ces deux parties & quelque amitié secrete qui les lie
ensemble.

Art. 12.
*Que le
Cœur a
sympathie
auec le*

LA SECONDE obseruation
est pour monstrer celle
que le COEVR a aussi auec le
troisiéme doigt que l'on appelle

Annulaire parce qu'on y por- doigt an-
te ordinairement les anneaux. nulaire.
Car c'eſt vne choſe merueil-
leuſe, que lors que la goute
tombe ſur les mains, ce Doigt
en eſt touſiours le dernier attaqué, Et Leuinus rapporte
qu'en tous ceux qu'il a veus
trauaillez de ce mal, le troiſiéme Doigt de la main gauche s'eſt touſiours trouué libre, pendant que les autres
eſtoient cruellement affligez
d'inflammation & de dou-
leur.

Or comme les parties reſi-
ſtent plus ou moins aux maladies ſelon qu'elles ont plus ou
moins de force, & que la force dépéd du plus ou du moins

K

de chaleur naturelle qu'elles
ont, il faut que ce Doigt en ait
plus que les autres puis qu'il
resiste dauantage au mal qu'elles ne font. Et parce que le
partage de la chaleur naturelle vient, ou de la premiere conformation des parties, ou de
l'influence que le principe de
la chaleur leur communique;
Et qu'il n'y a pas d'apparence
que ce Doigt qui a la mesme
structure & la mesme compo-
sition que les autres ait plus
qu'eux de cette chaleur fixe
& originelle qui se départ à la
naissance; il s'ensuit que celle
qu'il a, vient de l'influence que
le principe de la chaleur luy
enuoye plus abondamment

qu'aux autres ; Et par confequent il a plus de communication, plus de dépendance &
plus de liaifon auec le Cœur
qui fans contestation est le
principe de cette chaleur, que
n'ont tous les autres doigts
enfemble.

Cette fympathie n'a pas esté
ignorée de l'antiquité; Et l'hi-
ftoire nous apprend que les
anciens Medecins ont creu
que ce Doigt auoit quelque
vertu cordiale , s'en feruât pri-
uatiuement à tous les autres
pour mefler les medicamens
qui entroient dans leurs po-
tions & dans leurs antidotes ;
D'où vient qu'ils luy ont donné le nom de doigt Medical

que la langue Latine luy con-
ſerue encore; que c'eſt vne des
raiſons pour laquelle on y a
touſiours porté les anneaux ;
Et que pluſieurs y appliquent
des remedes pour les foiblef-
ſes du cœur, comme Leuinus
dit en auoir ſouuent fait l'experiéce & pour la gueriſon des
fievres intermittentes, comme
quelques-vns font encore auec
heureux ſuccez. Auſſi y a-t'il
long-temps qu'on s'eſt mis en
peine de trouuer la cauſe de
l'intelligence & du rapport
qui eſt entre ces deux parties.
Car les vns comme Appion
dans Aule-gelle, ont dit qu'il
y auoit vn nerf qui procedoit
du cœur & aboutiſſoit à ce

doigt; D'autres ont asseuré que
c'estoit vne artere qui faisoit
cette liaison ; Et qu'on la sent
manifestemét battre aux femmes qui accouchent, à ceux
qui sont lassez du trauail & en
toutes les maladies où le cœur
est attaqué. Mais quoy que
cette derniere opinion soit la
plus vray-semblable, elle n'oste
pas tout a fait la difficulté,
parce que les autres doigts ont
chacun vne artere aussi bien
que celuy - cy, laquelle vient
du mesme rameau & de la
mesme source que la sienne.
Ioint qu'il n'est pas necessaire
qu'il y ait des conduits manifestes pour porter ces vertus,
la Nature comme dit Hippo-

crate se faisant des voyes &
des chemins secrets pour faire
non seulement passer ses facultez mais les humeurs mesmes
qu'elle veut chasser.

IE pourrois adiouster pour
vne troisiéme obseruation
qui feroit voir la sympathie
de la Rate auec le grand Doigt,
les merueilleux effets que l'ouuerture de la saluatelle produit
dans les maladies de la Rate.
Car cette veine coulant ordinairemét entre le grand Doigt
& le troisiéme comme dit
Hippocrate, ou entre celuy-
cy & le petit, enuoyant quelque rameau au grand Doigt,
on peut tres-probablement

croire que la vertu de la Rate
se porte par cette veine à ce
Doigt là, & que le troisiéme
estant occupé par l'influence
du Cœur il ne peut receuoir
celle de la Rate, s'il est vray que
les vertus ne se confondent
point comme nous auons
monstré. En effet quoy qu'en
veuillent dire nos nouueaux
Practiciens, l'experiéce iointe
à l'authorité des premiers maistres de l'art est plus forte que
toutes les raisons qu'ils sçau-
roient apporter. Car outre
qu'il est dangereux de vouloir
soubmettre toutes les regles
de la Medecine au raisonnement qui souuent est foible ou
trompeur, & d'abandonner

les sentimens des anciens qui
qui ont esté plus iustes ob-
seruateurs des chofes que ceux
qui sont venez apres eux ; ié
puis dire auec verité qu'ayant
fait faire plus de soixante fois
l'ouuerture de cette veine
dans les fiévres quartes ; elle
n'a iamais manqué apres les
preparations necessaires, ou de
faire cesser la fiévre, ou d'en
tendre les accez plus legers.
Qu'ils n'aillent point raison-
ner sur la distribution ny sur
la grádeur des vaisseaux; Comme vn mefme tronc à diuers
rameaux qui n'ont pas vne
mefme vertu, & qu'il y en a
qui portent des fleurs ou des
fruits & d'autres qui n'en ont
point.

point. Auſſi quoy que toutes
les veines du Bras & de la
Main viennent d'vn meſme
tronc, elles n'ont pas les meſmes employs & ce ne ſont que
des canaux par leſquels diuerſes facultez peuuent couler:
De ſorte que celle que la Rate
enuoye, peut toute paſſer à la
ſaluatelle ſans ſe partager aux
autres; tout de meſme que les
parties ſe déchargét ſeulemét
ſur celles qui leur ſont particulierement affectées, quoy
qu'elles ayent connexió auec
d'autres par leurs vaiſſeaux &
par leur ſituation; d'où viennent les diuers tranſports des
humeurs & les changemens
que les maladies font d'vn lieu

L

à l'autre comme nous dirons
plus amplement cy-apres.

Quant à la grandeur des veines qui en rend les éuacuations plus vtiles que ne font
celles des petites , c'eſt vne
choſe veritable quand il eſt
queſtion de diminuer la ple-
nitude vniuerſelle du corps :
Mais pour décharger quelque
partie, ſouuent les plus petites
pourueu qu'elles luy ſoient
voiſines & qu'elles ayent quelque ſecrete ſocieté auec elle ,
le ſont plus ſeurement & plus
efficacement que les grandes.
Enfin puiſque c'eſt vne opinion receuë de tout temps
que l'ouuerture de cette veine eſt vtile aux maladies de la

Rate comme on peut voir
dans les écrits d'Hippocrate,
de Galien & de tous les Ara-
bes, il n'est pas vray-semblable qu'elle ait esté approuuée
par de si grands esprits & que
elle ait surmonté tant de sie-
cles pour venir iusques à nous,
sans auoir esté soustenuë de
l'experience, puisque la raison
ne pouuoit donner fonde-
ment à cette creance. Et si
c'est par cette voye que ce remede a esté connu, il ne faut
point le mettre à l'examen des
raisons non plus que les facultez purgatiues ny toutes les
autres vertus specifiques dont
la Medecine est toute pleine.
Pour reprendre le fil de la

preuue que nous auons laiſſée;
Nous auons dit qu'il y auroit
lieu d'employer cette obſerua-
tion pour eſtablir la ſympathie de la Rate auec le ſecond
Doigt: On y pourroit meſme
adiouſter l'hiſtoire qu'Hippocrate rapporte au 4. des
maladies popul. de cette fem-
me dont les Hypochondres
eſtoient ſi tendus & la reſpira-
tion ſi empeſchée, à qui il ſur-
uint l'vnziéme iour vne fluxion & inflammation à ce
meſme Doigt, dont elle ſe
trouua ſoulagée pour quelque temps; quoy qu'apres la
violéce de la fievre & l'abſcés
qui ſe forma dans les entrailles
la firent mourir. Car on peut

coniecturer de là, qu'vne por-
tion de l'humeur qui estoit
dans la Rate se déchargeoit sur
ce Doigt comme sur vne partie qui a liaison & consente-
ment auec elle, & que cette
petite décharge luy donna
quelque soulagement ; mais
que toute la cause du mal ne
pouuant estre contenuë en vn
si petit lieu, le reste causa l'ab-
scés dont elle mourut. Neantmoins pour en parler franche-
ment ce ne sont là que des
coniectures que nous ne pouuons faire aller du pair auec
les obseruations precedentes
qui semblent demonstratiues
de la verité que nous cherchons.

Art. 14.
Que toutes les autres parties interieures ont sympathie auec la Main.

ET il seroit à souhaiter qu'on en eust de semblables pour monstrer distinctement le reste des sympathies que les autres parties interieures ont auec les autres endroits de la Main. Mais dans la negligence qu'on a euë de les chercher, il est toujours vray de dire, que puisque celles du Cœur & du Foye sont certaines & indubitables, il faut que les autres le soient aussi quoy qu'elles ne nous soient pas manifestes, Et que non seulement le Cerueau & les autres parties qui ont vne fonction publique & principale aussi bien que le Cœur &

le Foye, mais encore la Rate,
l'Eſtomach, le Poulmon, les
Roignons & peut eſtre quelqu'autre encore, ayent chacun dans la Main leur lieu
propre & affecté auec lequel
ils ont conſentement & communication.

DE ſorte qu'on peut aſ-
ſeurer & pour preuue
de cette intelligence ſecrete
que les parties ont les vnes
auec les autres & pour l'hon-
neur de celle dont nous parlons ; Que la Main & le viſage
contiennent en abregé toutes
les parties du corps: Car celuy-
cy eſt vn racourcy de tous les
membres exterieurs, n'ayant

Art. 15.
Le viſage
eſt vn a-
bregé de
toutes les
parties ex-
terieures.

aucune partie qui n'ait son
rapport particulier & manifeste auec quelqu'vn d'eux ;
comme celle-là l'est aussi de
toutes les parties interieures
n'ayant aucun endroit qui
n'ait sa liaison & sa sympathie
auec quelqu'vne d'elles. Et
sans doute c'est là vne des principales raisons pour laquelle
ils ont eu tous deux vne con-
stitution de cuir toute particuliere, & que là peau qui
par tout ailleurs est separée des
muscles, y est tellement vnie
qu'il est impossible de l'en se-
parer : La Nature qui a destiné
ces parties pour estre comme
les miroirs où se doiuent re-
presenter toutes les autres ;
ayant

ayant voulu que la chair y fut
iointe au cuir, afin que l'im-
preſſion qu'elle reçoit des
nerfs, des veines & des arteres qui y ſont répanduës, ſe
communiquaſt plus facile-
ment & paruſt plus prompte-
ment au dehors. Ce qui ſe
trouue auſſi dans la plante des
pieds qui participent en quelque ſorte aux meſmes aduan-
tages qu'ont les Mains, & ſur
leſquels on a eſtably la Podo-
mance qui promet les meſmes
choſes que la Chiromance,
mais auec moins de ſuccez
pour les raiſons que nous dirons.

Quoy qu'il en ſoit, c'eſt vne
choſe admirable & qu'à mon

M

aduis on ne confidere pas affez, qu'il n'y a fur le vifage aucune de ces marques naturelles que nous appellons com-
munement SINGS, qu'il ne
s'en trouue vne autre fur
quelque partie du corps certaine & déterminée qui luy
refpond particulierement :
Car s'il s'en rencontre vne fur
le Front il y en aura vne autre
fur la Poitrine, & felon que
celle-là fera au milieu ou plus
haut ou plus bas, d'vn cofté
ou d'autre, celle-cy trouuera
les mefmes differences de fituation. Si l'vne fe void fur
les Iouës, l'autre fera fur les
cuiffes; fi aux fourcils l'autre fe
rencontrera fur les Efpaules; fi

aux oreilles l'autre fera fur les
bras & ainfi du refte. Or on
ne peut pas dire que cette cor-
refpondance foit fimplement
dans ces marques puifqu'elles
font toutes formées d'vne
mefme matiere & qu'elles ne
peuuent par confequent auoir
plus de rapport auec l'vne que
auec l'autre: Mais il faut qu'elle foit dans les parties mefmes
& que la focieté qu'elles ont
enfemble foit caufe que l'vne
ne puiffe eftre marquée, que
fa correfpondante ne fouffre
en mefme temps la mefme
impreffion. Auffi voyons-nous
outre le fecret confente-
ment qu'elles peuuent auoir
enfemble, vn rapport fenfible

M ij

& manifeste dans la situation
& dans la structure qu'elles
ont : car la Poitrine qui est la
partie du corps au dessous de
la teste la plus ossuë & la plus
plate, répond iustement au
Front qui a les mesmes qualitez; les cuisses qui sont a costé
& qui sont fort charnuës, se
rapportent aux Iouës qui sont
de la mesme sorte ; le Sourcil
à l'Epaule à cause de l'éminen-
ce où l'vn & l'autre se trouue;
l'Oreille au Bras, estant tous
deux auancez & comme hors
d'œuure, & ainsi des autres.

Ce n'est pas pourtant à dire
que cette ressemblance soit la
veritable source de cette sympathie; elle n'est pas assez iuste

ny affez exacte pour produire
des effets fi femblables , Et il
eft neceffaire qu'il y ait quelque lien plus fecret qui lie ces
parties les vnes auec les autres
& qui foit la caufe principale
de cette merueilleufe harmonie qui fe trouue entr'elles ,
dont ces characteres naturels
font les tefmoins irrepro-
chables.

MAIS ce n'eft pas feule-
ment entre les parties
exterieures & manifeftes que
cette focieté fe trouue, il y en
a vne autre plus generale qui
a efté connuë d'Hippocrate &
qui a ferui de fondemét à cette
ingenieufe diuifion des veines

Art. 16.
*Que tou-
tes les par-
ties ont
fympathie
les vnes
auec les
autres.*

qu'il a faite au liure des os,
Car cét admirable efprit ayant
confideré les diuers tranfports
des humeurs, & les changemens des maladies qui fe font
fi fouuent de certaines parties
aux autres, a marqué les veines par lefquelles ils fe pou-
uoient faire & qu'il falloit ouurir pour y remedier. Et pour
y garder vne methode qui en
oftaft la confufion, il a eftably
plufieurs chefs & comme diuers articles où il a voulu
commencer la diftribution
de ces vaiffeaux ; Car il a pofé
le premier au Cœur, le fecond
aux Reins, le troifiéme au
Foye, le quatriéme aux yeux,
& le cinquiéme à la Tefte, d'où

il fait fortir quatre paires de
veines qui fe répandent apres
en diuers lieux.

CE n'eft pas qu'il creuft
que ce fuffent là les premieres fources d'où les veines
tirent leur origine , comme
Ariftote , Galien & prefque
tous leurs Sectateurs luy ont
impofé; puifqu'il fçauoit qu'elles ont toutes leur racine
dans le Foye, d'où elles fe di-
ftribuent à toutes les parties
du Corps pour leur porter la
nourriture; comme il fait voir
en fuite dans la diftribution
qu'il fait de la veine hepatique & qu'il a encore rapportée au 2. liure des maladies

populaires: Mais c'eſtoit pour marquer le conſentement qui eſt entre ces cinq parties & les autres, & les maladies & les ſymptomes qu'elles ſe communiquent mutuellement.

Ainſi quand il dit que l'œil gauche reçoit vne veine de l'œil droit, & celuy-cy vne du gauche, il ne faut pas prendre cela à la lettre, comme ſi veritablement ces veines prenoient leur origine en ces lieux-là: Mais c'eſt pour monſtrer que les maladies d'vn œil ſe communiquent à l'autre, comme s'ils auoient des veines qui les leur portaſſent directement. C'eſt à la verité par le moyen des veines que cette commu-

communication ſe fait, & ces
veines partent meſme de quelque rameau commun; mais il
eſt ſi eſloigné des yeux qu'on
ne peut pas dire preciſément
qu'ils ſe donnent des veines
l'vn à l'autre, ſi ce n'eſt en conſideration de cette ſympathie
qu'ils ont enſemble. Et cela
eſt ſi veritable que ſouuent
meſme il ne conſidere point la
continuité des veines dans la
diſtribution qu'il en fait, puiſ-
qu'il monſtre que la Teſte &
les Poulmons ont conſentement auec la Rate, quoy que
les veines de la Rate ne ſoient
point vnies ny continuës auec
celles de ces parties : parce
qu'il ſuffit pour le conſente-

N

ment dont il parle, que ces veines ayent communication enfemble par quelque moyen que ce foit, comme nous dirons cy-apres.

Mais pour faire voir plus particulierement le fecret & l'vtilité de cette admirable diftribution, il en faut examiner quelques articles. Car quand il nous apprend que de ces quatre paires de veines qui fortent de la Tefte, il y en a vne laquelle a deux rameaux qui partent des Temples & defcendent dans les Poulmons dont l'vn paffe du cofté droit au gauche & va dans la Rate & dans les Reins ^{le Rein gauche} ; Et l'autre part du cofté gauche, & va au

Foye & au Rein droit, & puis
aboutiſſent tous deux aux
veines Hæmorrhoïdales : Ne
nous monſtre-t'il pas par là
non ſeulement pourquoy l'ouuerture des Hemorrhoïdes
ſert aux Nephritiques, & à
ceux qui ont la Pleureſie &
Peripneunomie ; mais encore
pourquoy leur ſuppreſſion
cauſe l'Hydropiſie & la Pthiſie.
Car bien qu'il y ait d'autres
lieux où il ſemble que le reflus
du ſang qu'elles contiennent
ſe pourroit faire, neantmoins
le conſentement qu'elles ont
auec le Foye & auec le Poulmon, eſt cauſe qu'il ne ſe fait
point ailleurs. Et ſans doute
ces rameaux qui en deſcendât
N ij

vont du cofté droit au gauche
& du gauche au droit, nous
marquent la caufe que l'on a
tant cherchée inutilement,
pourquoy les abfcez qui fe
font de haut en bas, ne fe trouuent pas touſiours du mefme
cofté où eft la ſource de la maladie ; mais tantoft à droit &
tantoft à gauche ; Quoy que
ceux qui fe font de bas en haut
gardent touſiours la rectitude de la partie où eft le ſiege
du mal : Car fans cette diftribution de veines, il eft impof-
fible de rendre raifon de tous
ces accidens.

Sans elle on ne fçauroit
point encore pourquoy la
Poitrine & les parties Ge-

nitales ont entr'elles vne
si grande correspondance,
que la toux cesse quand elles se tumefient; que leur en-
fleure se dissipe quand la toux
leur suruient; Et que mesmes
les varices qui leur arriuent
corrigent les deffauts qui rendent la voix gresle ou en-
roüée.

Enfin c'est l'vnique secret
pour découurir les chemins
que la Nature tient dans le
transport des humeurs que
elle fait d'vne partie à l'autre,
& pour discerner les veines
qu'il faut ouurir en chaque
maladie. Car bien qu'elles
ayent toutes vne mesme racine, quoy que plusieurs ayent

des rameaux communs qui
leur deuroient diſtribuer également le ſang & les humeurs
qu'ils contiennent ; Neantmoins la correſpondance &
l'amitié qui eſt entre les parties, fait que la Nature les
pouſſe pluſtoſt par vne veine
que par l'autre, & que choi-
ſiſſant celle qui eſt la plus com-
mode pour celā, elle laiſſe les
autres qui luy ſont proches
& qui ont vne meſme ori-
gine.

Cela paroiſt éuidemment
dans la ſympathie dont nous
auons apporté cy-deuant de ſi
preſſans exemples: Car vray-
ſemblablement c'eſt par les
veines & par les arteres que

coule cette vertu secrete que
le Cœur & le Foye communiquent à certains doigts; Ce-
pendant toutes celles qui sont
dans la Main n'y sont pas em-
ployées, & quoy qu'elles sor-
tent d'vn mesme rameau il
n'y en a qu'vne qui porte la
vertu du Cœur & vne autre
celle du Foye : Autrement il
n'y auroit point de lieu déter-
miné pour receuoir leur influence & tous les Doigts de
la Main qui ont des veines &
des arteres la receuroient également, ce qui est contre l'experience.

Aussi à vray dire tous
ces vaisseaux ne sont que
des canaux & des conduits

qui ne peuuent, non plus que
ceux des fontaines, donner le
mouuement aux humeurs.
Mais ce sont les Esprits seuls
qui les portent & les entrais-
nent aux lieux où ils ont ordre d'aller; Et comme le con-
sentement que les membres
ont les vns auec les autres
s'entretient par le moyen de
ces Esprits, il ne faut pas douter que le sang auec lequel
ils sont meslez, n'aille comme
eux d'vne partie à l'autre &
ne fasse en suite cette admirable harmonie des veines que
Hippocrate a remarquée.

Car c'est là sans doute le
fondement sur lequel luy &
les anciens maistres de la Medecine

decine ont obſerué dans vn
meſme membre des veines qui
auoient correſpondance auec
diuerſes parties ; cóme dans le
Bras la Cephalique, l'Hepathique, la Spleneticque, qu'ils ont
toûjours regulieremét ouuer-
tes dans les maladies particulieres de ces parties, ne s'arre-
ſtant pas aux foibles raiſons
que l'inſpection des corps &
l'amour de la nouueauté ont
depuis authoriſées.

ET certainemét ſi l'on n'a
recours à cette direction
des Eſprits, on ne ſçauroit iamais rédre raiſon de la Rectitude que la Nature garde dãs ſes
mouuemens quand elle en eſt

Art. 18.
*D'où viẽt
la rectitu-
de que
la nature
garde
dans ſes
euacua-
tions.*

O

abſolument la maiſtreſſe , &
que la Medecine imite dans
les éuacuations qu'elle ordonne. Car quand dans les
inflammations du Foye l'O-
reille droite deuient rouge ;
qu'il vient des vlceres à la
Main & au Pied droit ; que le
ſang ſort de la narine du meſme coſté ; ou qu'il ſe fait ab-
ſcez à l'Oreille droite: Et qu'au
contraire tous les meſmes accidens arriuent au coſté gauche dans les inflammations de
la Rate. Quand dif-je la Medecine commande de faire les
ſaignées du meſme coſté
qu'eſt la maladie ; Et qu'elle
nous enſeigne que toutes les
éuacuations qui ſe font au

costé opposite sont perilleuses
si elles se font d'elles-mesmes
ou inutiles si elles se font par
l'art. Quelle autre raison de
cette regularité pourroit satisfaire l'esprit que celle que
nous auons apportée? Car ce
que l'on dit des Fibres droites
qui entrent dans la composi-
tion des vaisseaux, par lesquel-
les on veut que les humeurs
soient attirées, est tout à fait
impertinent; veu qu'elles sont
incapables de faire cette attra-
ction cóme nous auons demó-
stré ailleurs; Qu'elles se trouuent également en tous les
costez du vaisseau & par consequent ne peuuent determi-
ner le mouuement des hu-

meurs à l'vn pluftoft qu'à l'autre ; Qu'il n'y a pas toufiours
des fibres pour fauorifer cette
Rectitude, puifque de la Rate à
la Narine gauche , il n'y en
peut auoir aucune , les veines
du Nez procedant de la veine
Caue auec laquelle la Rate n'a
aucune liaifon ; Et qu'enfin
les humeurs qui fe trouuent
hors des vaiffeaux, les vapeurs
mefmes & les qualitez toutes
fimples fe communiquent
d'vne partie à l'autre de la
mefme façon , fans qu'il y ait
de fibres qui agiffent en ces
rencontres , & qui, s'il y en
auoit , feroient inutiles au
tranfport des vapeurs & des
qualitez.

De dire auſſi que cela ſe faſſe par des conduits ſecrets qui
ſe trouuent dans les chairs &
qui vont de bas en haut, ſans
que ceux qui ſont d'vn coſté
ayent communication auec
ceux de l'autre : c'eſt vne
pure imagination qui n'a aucune vray-ſemblance; puiſque
c'eſt le plus ſouuent par les
veines que ces éuacuations ſe
font; Et qu'il faudroit que les
humeurs qui coulent par ces
conduits ſecrets entraſſent
dans les veines où il n'y a
pourtant point de paſſages; il
faudroit qu'il ſe trouuaſt encore des conduits qui allaſſent de
trauers, puiſque les humeurs
vont tantoſt du coſté droit au

au gauche, tantoſt du deuant
au derriere & le plus ſouuent
du centre à la circonference.
Apres tout dans l'vne ou l'autre de ces opinions on ne
void pas pourquoy il y a tant
de peril quand la Rectitude
n'eſt pas gardée dans les éuacuations des humeurs.

Mais ſuppoſé qu'elles ſe faſ-
ſent par la direction des eſprits, il eſt ayſé de iuger qu'il
faut que la Nature ſoit fort
oppreſſée quand elle ne garde
pas l'ordre qui luy a eſté preſ-
cript & quand elle s'égare de
ſon chemin ordinaire pour
fuir l'ennemy qui la preſſe:
Car c'eſt la meſme raiſon pour
laquelle les mouuemens que

elle fait dans les fiévres aiguës
en des iours pairs ; font toûjours dangereux ; parce que
c'eft vne marque de la violen-
ce qu'elle souffre & du defordre où la grandeur du mal l'a
fait tomber qui luy fait oublier les iours impairs dans
lesquels elle doit attaquer la
bile qui eft la caufe de ces maladies.

Quoy qu'il en foit la Re-
ctitude dont nous parlons
vient infailliblement des Efprits qui conduifent les humeurs dans l'eftenduë d'vne
moitié du corps fans les porter à l'autre, s'il n'y a quelque
grand empefchement. Car la
Nature a tant de foing de la

conſeruation des choſes viuantes & animées, qu'elle les a
preſque toutes diuiſées en
deux moitiés ; afin que s'il
arriuoit que l'vne ſouffrit
quelque alteration, l'autre s'en
peuſt garantir , & conſeruer
ainſi en elle la nature du tout.
Or cette diuiſion eſt reelle &
manifeſte en quelques ſujets,
comme dans les graines & ſe-
mences des plantes qui ſont
toutes cõpoſées de deux portions leſquelles ſe peuuent ſeparer; Et dans tous les mẽbres
de l'animal qui ſont doubles.
En d'autres elle eſt obſcure &
ne paroiſt pas dans vne ſepa-
ratiõ actuelle des parties, mais
ſeulement dans les operations
qui

qui monſtrent qu'elles ont chacune leur iuriſdiction diſtincte & leurs intereſts differens, comme eſt celle dont nous parlons, qui diſtingue tout le corps en deux moitiez dont l'vne eſt à droit, & l'autre à gauche : Telle encore eſt celle qui ſe trouue dans les membres qui ſont vniques, comme le Cerueau, la Langue, le Nez &c. où nous voyons ſouuent vne moitié qui eſt attaquée du mal, & l'autre qui en eſt exempte, quoy qu'il n'y ait aucune ſeparation entre-elles.

S'il eſt donc vray que la Nature pour conſeruer vne moitié du Corps charge l'autre de

tout le defordre qui luy arriué & empefche que les hu-
meurs qui la trauaillent ne
fortent point hors de fes bornes pour fe ietter fur l'autre;
il ne faut pas douter que les
Efprits qui font fes premiers
& fes principaux organes ne
la feruent en cette entreprife & que ce ne foit eux
qui portent les humeurs d'vn
endroit à l'autre dans l'eftenduë qu'elle leur prefcript.
Que s'il arriue que pour faire
ce tranfport il faille fe feruir
des veines qui font de l'autre
cofté, ils n'oublient pas pour
cela le deffein de la Nature ny
les ordres qu'ils en ont receus,
& ne font que paffer s'il faut

ainſi dire, ſur les limites de
leurs voiſins pour arriuer au
lieu où ils doiuent aborder.
Ainſi quand pour décharger
la Rate des humeurs qui l'in-
commodent, il ſuruient vn
ſaignement de nez par la narine gauche, il faut de neceſ-
ſité qu'elles paſſent des veines
de la Rate dans la veine Caue
qui eſt du coſté droit : Mais
les Eſprits les ſçauent conduire de telle ſorte qu'à la fin elles retournent ſur la meſme
ligne & dans cette moitié du
Corps où la Rate ſe trouue.
Mais c'eſt entrer trop auant
dans les ſecrets de la Medecine ; Il ſuffit de dire que la communication que les veines ont

les vnes auec les autres dans cette ingenieuſe diſtribution qu'Hippocrate en a faite, procede des Eſprits qui portent les humeurs de l'vne à l'autre ſelon le rapport & le conſen-ment que les parties ont enſemble, ou ſelon la Rectitude qu'elles gardent entr'elles.

Art. 19.
Que les
aſtres do-
minent
dans les
diuerſes
parties de
la Main.

POVR retourner à la ſympathie que les membres interieurs ont auec les diuerſes parties de la Main: Ie croy que les raiſons que nous auons apportées pour la ſouſtenir, ſi elles ne conuainquent tout à fait les plus opiniaſtres, laiſ-ſeront du moins dans leur eſprit de grands ſoupçons de la

verité. Et ie ne doute point
que la Chiromance n'en doi-
ue estre satisfaite, puisque luy
ayant esté inconnuës iusques
icy, elles establissent le principal de ses fondemens ; Et
qu'il luy sera facile apres d'y
appuyer les maximes de l'A-
strologie qui luy doiuét fournir la pluspart de ses regles &
seruir de caution à ses plus
grandes promesses.

En effet s'il est vray que les
parties interieures soient gou-
uernées par les Planetes , &
qu'elles reçoiuét de ces Astres
quelque influence particuliere comme l'Astrologie ensei-
gne ; Il faut de necessité qu'a-
uec la vertu que ces parties

enuoyent à la Main, celle que
les Planetes leur communiquent y foit auffi portée ; Et
qu'au mefme doigt où le
Cœur par exemple influë fa
vertu, la Planete qui a la direction du Cœur y faffe auffi
couler la fienne ; n'eftant pas
vray-femblable que celle-cy
s'arrefte au Cœur pendāt qu'il
fait part à la Main de celle qui
luy eft propre & naturelle:
Puifque fuppofé la verité des
influences celeftes, on doit dire que de ces deux vertus il ne
s'en fait qu'vne qui eft l'vnique difpofition effentielle &
la proprieté fpécifique de chaque partie. Or eft-il que c'eft
vne conclufion de l'Aftrolo-

gie prouuée par ſes principes
& par ſes obſeruations, Que
le Foye eſt gouuerné par Iupiter, la Rate par Saturne, le
Cœur par le Soleil & ainſi des
autres; Il faut donc que le premier Doigt ſoit auſſi gouuerné par Iupiter, le ſecond par
Saturne, le troiſiéme par le
Soleil &c. puiſque ces parties
principales ont ſympathie &
conſentement auec ces doigts
& qu'elles leur communiquét
la vertu qu'elles ont. Ainſi il
ne faut plus s'eſtonner de ce
que la Chiromance a changé
l'ordre des Planetes dans la
Main, ny demander pourquoy
elle a pluſtoſt placé Iupiter au
premier Doigt, & le Soleil au

troisiéme, qu'en vn autre endroit, parce que la Nature du Cœur & du Foye ; Et la sympathie qu'ils ont auec ces doigts luy ont marqué ces lieux comme les maisons particulieres que ces Planettes ont dans la Main, ainsi qu'elles en ont dans les Cieux qui leur sont affectées.

Toute la difficulté se reduit donc à ce point de sçauoir si veritablement ces Astres gouuernent les principales parties du Corps & s'ils leur communiquent quelque vertu secrete qui soit cause de la bonne ou mauuaise disposition que elles ont.

Mais de vouloir porter cette

te

te Queſtion iuſques où elle
pourroit aller, & en examiner
toutes les ſuites & les circon-
ſtances auec la ſeuerité que la
Philoſophie apporte en ces
matieres ; Outre que ce ſeroit
mettre en compromis les veritez que l'Aſtrologie met au
rang des choſes iugées & que
ſes plus opiniaſtres ennemis
ſont contraintes d'aduoüer
pour la plus grande part. Cela
demanderoit vn diſcours qui
paſſeroit les bornes de noſtre
deſſein, & choqueroit meſme
la methode auec laquelle toutes les ſciences veulent eſtre
traitées. Car elle ne veut pas
qu'on entre en doute ny en
conteſtation de toutes les

Q

choſes qui s'y rencontrent;
Elle deffend particulierement
de mettre à la cenſure les Principes ſur leſquels elles ſont
eſtablies & fait paſſer ceux
qui ſont pris des concluſions
des ſciences ſuperieures quelques douteux qu'ils ſoient,
auec le meſme priuilege que
peuuent auoir les maximes &
les notiós communes des Ma-
thematiques. C'eſt aſſez pour
la Chiromance que la Phyſique ſouſtienne ſes premiers
fondemens; tout ce qu'elle reçoit apres de l'Aſtrologie luy
doit eſtre alloüé, ou du moins
eſtre mis en ſurſceance iuſques
à ce qu'on examine le fonds
de l'Aſtrologie meſme.

POVR ne laisser pas neantmoins le soupçon que les
conclusions que celle-cy luy
donne pour principes, soient
tout à fait imaginaires & con-
traires à la verité ; Il faut faire
voir par quelques obseruations qui ne puissent estre con-
testées, Qu'il y a des parties du
corps qui sont sous la direction particuliere de quelques
Planetes,

Cela ne sera pas mal-aisé
pour quelques-vnes; Et quoy
qu'en reietant les experiences
que l'Astrologie nous pourroit fournir sur ce sujet, nous
n'en ayons pas assez d'autres
pour faire la preuue entiere de

Art. 20.
*Que les Astres gou-
uernét les
parties in-
terieures.*

Q ij

cette verité ; Les premieres
feruiront de preiugé pour le
reste, & laisseront vne conie-
cture bien fondée pour croire
que chaque membre est gouuerné par vn de ces Astres &
que le Principe que l'Astrologie en a fait pour la Chiromance, n'est pas mal estably.

Art. 21.
*Que la
Lune do-
mine sur
le Cer-
ueau.*

COmmençons donc par
le Cerueau. On ne sçau-
roit contester que la Lune
n'ait vn secret empire sur luy
& qu'elle ne luy fasse sentir
son pouuoir plus manifeste-
ment qu'elle ne fait aux autres: Car il s'enfle & s'abbaisse,
s'augmente & se diminuë selon que cét Astre est en son

croiſſant ou en ſon declin.
C'eſt pourquoy la Medecine
qui n'ignore pas ces changemens, a ſoing que le Trepan
qu'elle ordonne ſoit conduit
auec plus de précaution dans
la pleine Lune ; parce qu'elle
ſçait qu'alors le Cerueau eſt
auſſi dans ſon plein, & qu'en
faiſant approcher plus prés de
l'os , les membranes qui l'enuironnent, il les expoſe au peril d'eſtre plus facilement tou-
chées par l'inſtrument. Mais
les maladies de cette partie
qui ont leurs accez & leurs
repriſes ſelon le cours de la
Lune, monſtrent éuidemment
la liaiſon & la ſympathie qui
eſt entr'elles. Car il y en a qui

suiuent si regulierement ses mouuemens qu'elles en peuuent estre les Ephemerides; Et bien qu'elle soit sous l'horizon, bien que les malades taschent par tous moyens de se mettre à couuert de ses influences, tout cela n'empesche pas que le débordement d'vne fluxion qui vient à point nommé dans le changement de ses quartiers, ne les fasse sentir, sans les voir dans les Cieux ny dans les Almanachs.

Les assauts de l'epilepsie ne suiuent-ils pas pour l'ordinaire les mouuemens de cette Planete? N'y a-t'il pas des especes de folie qu'on appelle lunatiques? Et les cheuaux

meſme n'ont-ils pas des maladies de teſte qui portent cé
nom là, parce que les vnes &
les autres ſuiuent le moûue-
ment de la Lune? Enfin ne
ſçait-on pas que les raiz de cét
Aſtre cauſent des fluxions opiniaſtres, & font perdre la cou-
leur du viſage ſi on y eſt long-
temps expoſé principalement
durant le ſommeil. Or tous
ces effets ne ſe peuuent rapporter qu'aux Influences, parce qu'ils ſuruiennent ſouuent
quand elle eſt cachée ſous la
terre, & qu'en cét eſtat ſa lumiere ny la vertu magnetique
qu'on luy donne,ne peuuent
agir ſur nous. Auſſi ne doute-
t'on plus de la verité de ces

qualitez secretes, apres les obſeruations qu'on a faites d'vne infinité d'effets qu'elles produiſent; Et entr'autres du flus de la mer, qui ſans conteſtation ſuit le mouuement de la Lune, commençant toûjours quand elle ſe leue ſur noſtre horizon ou ſur celuy de nos Antipodes, & ſe trouuant en ſa plus grande force quand elle a atteint leur Meridien ou le noſtre. Car ſi l'on peut demonſtrer, comme il nous ſeroit facile de le faire ſi ce lieu pouuoit ſouffrir la longueur du diſcours qu'il y faudroit employer, ſi dis-je on peut demonſtrer que le flux ne peut proceder ny du mouue-

ment

ment de la terre, ny de la lumiere des Aſtres, ny d'aucune
vertu magnetique, ny par
l'impulſiõ de la Lune, ny par la
Rarefactiõ que la chaleur faſſe
dans l'eau, il ne reſte plus que
les influeces qui puiſſent eſtre
cauſe de cét admirable mouuement, & qui ſans doute le
ſont auſſi de tous les accidens
que nous venons de marquer.

QVE ſi on les reconnoiſt dans cét Aſtre, & ſi c'eſt par elles qu'il a la dire-ction d'vne des principales parties du Corps, On ne ſçau-roit douter que le Soleil qui eſt le Roy & comme le Pere de toutes les autres Planetes,

Art. 22.
Que le Soleil gouuerne le Cœur.

R

n'en ait encore de plus puif-
fantes, Et que luy qui con-
court à la generation de toutes chofes, ne fe foit referué
la premiere & la plus noble
partie des animaux, pour
en auoir la conduite & pour
luy communiquer fes vertus.
Ouy fans doute il a choifi le
Cœur pour fon throfne, &
pour le lieu de fon exaltation;
Il eft là comme dans le Ciel au
milieu de tous les Aftres, ie
veux dire de tous les membres
du Corps qui font gouuernez
par les Planetes : De là il influë fa vertu à toutes les parties du petit monde; Et fi dans
fon cours il vient à fouffrir
quelque afpect malin, ce

membre s'en reſſent & com-
patiſt aux deſordres de ſon
ſouuerain. En effet on a obſerué que ceux qui ſont malades ſouffrent vne foibleſſe extraordinaire dans les ecclipſes
du Soleil, & que meſme ceux
qui ſont d'vne complexion
delicate reſſentent ſenſible-
ment en eux l'effet de cette
conſtellation. D'ailleurs la faculté vitale deuient ſi languiſ-
ſante dans les ſolſtices & dans
les équinoxes, & lors que de
malignes eſtoiles ſe leuent
auec luy, qu'Hippocrate a
deffendu de ſe ſeruir alors
d'aucun grand remede, que
dix iours ne ſoient écoulez.
Mais il ne faut pas oublier icy

vne obferuation que cét homme incomparable a couchée
dans fon liure des Songes, qui
monftrera non feulement la
fympathie qui eft entre le
Cœur & le Soleil, mais encore celle que la Lune & les
Eftoiles ont auec les autres
parties. Car apres auoir fuppofé que le Soleil a rapport
auec le milieu du corps, la Lune auec les cauitez qui y font
& les eftoiles auec les parties
exterieures ; il dit que fi ces
Aftres paroiffent en fonge
auec la pureté & la regularité
de mouuement qui leur font
naturelles, c'eft vne marque
de parfaite fanté, & qu'il n'y
a rien dans le Corps qui ne fui-

ue l'ordre & la regle que la
Nature demande. Mais que
si l'on en void quelqu'vn qui
s'obscurcisse, qui disparoisse,
ou qui soit arresté dans son
cours, c'est vn signe de maladie à venir dans les parties qui
répondent à chacun d'eux.
Car si ces desordres arriuent
aux Estoiles, la maladie se fera
dans l'habitude du Corps ; si
c'est à la Lune, dans les cauitez ; mais si c'est au Soleil, elle en sera plus forte & plus
difficile à guerir comme celle
qui attaque le principe de la
vie. Le milieu dont il parle
ne se pouuant entendre que
des parties vitales qui com-
prennent le cœur & les par-

ries qui l'enuironnent.

Or si cela est veritable comme la raison & l'experience
l'ont depuis si souuent confir-
mé, il faut conclurre de là que
puisque l'imagination forme
dans ses songes toutes ces images du Soleil pour se represen-
ter la bonne ou mauuaise disposition du Cœur, il est necessaire qu'elle ait quelque fondement pour ioindre deux
choses qui sont si differentes
entr'elles , & qu'elle trouue
dans cette partie des qualitez
solaires qui puissent seruir de
modelle aux figures & aux
portraits qu'elle fait de cét
Astre : En vn mot il faut que
les Influences particulieres

que le Cœur reçoit du Soleil
soient les originaux sur lesquels l'ame fait en dormant
toutes ces admirables copies.
Autrement pourquoy ne les
feroit-elle pas pour quelque
autre membre ? Et pourquoy
dans l'inflammation du Foye,
par exemple, où la chaleur est
alors plus grande qu'elle n'est
au reste du Corps, ne se repre-
senteroit-elle pas cét Astre qui
est la source de toute la chaleur du monde, aussi bien que
elle fait dans les moindres al-
terations du Cœur. Certainement il y a dans cette partie des vertus si estranges & si
cachées, qu'il est impossible de
les rapporter aux élemens.

Car qu'il reſiſte ſouuent aux
flammes ſans s'y pouuoir con-
ſumer ; qu'il ne ſe puiſſe amol-
lir en bouillant ſi on n'en oſte
les oreilles ; que de certains
poiſſons ne ſe puiſſent cuire
ſi on le laiſſe dans leur Corps ;
ce ſont des effets qui luy ſont
ſi particuliers, & dont il eſt ſi
difficile de rendre raiſon par
les qualitez manifeſtes, qu'il y
a lieu de preſumer que celles
qu'il a, ſont d'vn plus haut ordre & ont rapport comme dit
Ariſtote à l'Elemét des Aſtres.

Or ſi l'influéce que le cœur
reçoit du Soleil eſt cauſe que
les ſonges repreſentent par les
images de cette Planete, les diuerſes diſpoſitions où le cœur
ſe

se trouue, il faut qu'il en soit
de mesme pour la Lune &
pour les Estoiles à l'égard des
cauitez du Corps & des parties exterieures. Et c'est de là
sans doute que l'Astrologie a
mis sous la direction de la Lune le Cerueau, l'Estomach, les
Intestins, la Vessie, & la Ma-
trice qui sont les plus conside-
rables cauitez du Corps; Mais
encore qu'elle ait partagé les
parties exterieures à tous les
signes du Zodiaque, s'estant
premierement fondée sur cette doctrine d'Hippocrate, à
laquelle elle a depuis adiousté
ses propres experiences,

Art. 23.
Que les
autres
Planetes
gouuernēt
les autres
parties in-
terieures.

APRES ces raisons il ne
faut pas douter que les
autres Planetes n'ayent aussi
leurs influences particulieres
& qu'elles ne gouuernent
comme celles-là certaines parties du corps. Mais la Philoso-
phie a eu si peu de soing d'en
faire les obseruatiōs que hors
celles que l'Astrologie nous
fournit, nous n'en auons aucune qui puisse marquer la direction que Iupiter a sur le Foye,
celle de Saturne sur la Rate,
&c. si l'on ne vouloit mettre
en ce rang les taches & les
sings qui se trouuent naturellement imprimez sur ces parties. Car l'on asseure que celuy

à la naiſſance duquel Saturne
domine, a ordinairement vne
de ces marques ſur la region
de la Rate ; ſi c'eſt Iupiter, il
l'a ſur icelle du Foye ; ſi
c'eſt Venus, elle paroiſt ſur
les parties ſecretes, & en a
vne autre entre les deux ſourcils. C'eſt pourquoy Dares
Phrygius dans le pourtrait
qu'il a fait de la belle Helene
dit qu'elle en auoit vne entre
les ſourcils, que Cornelius
Nepos a exprimée en ces deux
beaux vers.

Sola ſupercilijs nubes interflua raris
Audaci maculâ tenues diſcriminat
artus.

Mais ie n'estime pas ces obseruations assez iustes ny assez
confirmées par l'experience
pour en tirer vne preuue certaine de ce que nous preten-
dons. Il suffit de dire que iusques à ce que l'on en ait fait
vne plus exacte recherche, le
Soleil & la Lune qui sans difficulté commandent au Cœur
& au Cerueau, nous seruent
de preiugé pour croire que
les autres Planetes ont vn empire sur les membres que l'A-
strologie leur a soumis ; Et par
consequét nous pouuons conclure que le principe qu'elle a
donné à la Chiromance n'est
pas sans fondement & qu'il
peut soustenir vne grande

partie des promeſſes qu'elle
fait.

CE ſont là les raiſons ſur
leſquelles i'ay creu que
l'eſtabliſſement s'en pouuoit
faire: elles pourront encore
ſeruir à regler beaucoup de
choſes dont on n'eſt pas bien
d'accord dans la pratique de
cét Art; A marquer les cauſes
de pluſieurs effets qui s'y trouuent. Et ſi ie ne me trom-
pe, elles prepareront l'eſprit à croire que la Metopoſ-
copie ne manque pas non plus
que celle-cy de fondemens
pour s'ériger en Art, & pour
ſouſtenir la vérité de ſes maximes. Car ſi les parties no-

Art. 24.
*Que les
principes
eſtablis re-
glēt beau-
coup de
choſes dou-
teuſes dãs
la Chiro-
mance.*

bles ont vne si grande liaison
auec la Main, elles la doiuent
vray - semblablement auoir
plus grande auec le visage qui
est l'abregé de tout le Corps,
le siege des sens, & le miroir
de l'ame. Et si les vertus ne se
confondent point côme nous
auôs monstré, chacune y aura
côme dâs la Main, son lieu pro,
pre & affecté, celle du coeur
sera receuë en vn endroit, celle du Foye en vn autre, & ainsi du reste ; Et par consequent
les mesmes Planetes qui commandent à ces parties gouuer-
neront les mesmes lieux, & y
laisseront des marques des bô,
nes & mauuaises influences
qu'ils auront fait couler dans

les principaux membres du
Corps. Mais vne matiere si
curieuse & si peu soigneusement examinée demande vn
discours particulier aussi bien
que celle-cy, & a besoin comme elle de nouuelles obseruations pour en confirmer la verité. Peut-estre que i'auray
quelque iour le temps de vous
communiquer celles que i'ay
faites, & de vous faire voir
que s'il est vray que tout
Hôme paroisse dans le visage,
on peut dire que l'Homme
n'a point esté bien connu, puisqu'on n'a point connu les merueilles qui sont dans son visage. Reprenant donc le fil du
discours precedent ie disois

que les raiſons que nous auõs
apportées, reglent beaucoup
de choſes qui ſont douteuſes
dans la pratique de cét Art.
Car il y en a qui tiennent qu'il
ne faut pas s'arreſter à l'inſpection des Mains, & que celle
des Pieds eſt auſſi neceſſaire;
que la Main gauche doit eſtre
plus conſiderée aux femmes
& à ceux qui naiſſent de nuit,
& la droite aux hommes & à
ceux qui ſont nez de iour.
Mais l'auantage que les Mains
ont par deſſus les Pieds monſtre clairement que l'inſpectiõ
de ceux-cy eſt inutile & que
l'on peut voir aux Mains tout
ce que l'on doit attendre de
cette ſorte de connoiſſance;
D'ailleurs

D'ailleurs la Main Droite eſtãt
plus noble que la gauche en
quelque ſexe que ce ſoit & en
quelque temps que l'on naiſ-
ſe, doit eſtre plus conſiderée
que celle-cy, principalement
en ce qui regarde le Cœur, le
Foyë & le Cerueau qui ont
plus de communication auec
elle : Mais la Gauche l'em-
porte par deſſus elle pour ce
qui concerne la Rate & les autres parties qui ſont du meſme
coſté, à cauſe du pouuoir que
la Rectitude a en ces rencontres. Enfin ce que nous auons
dit de la longeur, largeur &
profondeur fournit les cauſes
de la diuerſité qui ſe trouue
dans les lignes: Car celles qui

T

font fimples monftrent que la vertu eft foible, la longueur eftant le premier effay qu'elle fait ; Celles qui font croifées font voir qu'elle eft plus forte s'eftant eftenduë dans la largeur ; & qu'elle a fait fon dernier effort dans celles qui font profondes.

Mais ie ne m'aduife pas que i'entre infenfiblement dans le détail des chofes que i'auois fait deffein d'éuiter : Ie crains mefme de m'eftre trop expliqué dans les generales & que ie ne faffe croire par la certitude que i'y trouue, que i'ay la mefme creance pour les particulieres. Ie fuis pourtant

bien esloigné de cette penſée.
Ie iette à la verité les fondemens d'vne ſcience qui me
ſemblent aſſez ſolides, mais ie
ne trouue point de materiaux
pour en acheuer le baſtiment.
Car la plus grande part des
regles & des preceptes dont
on en a voulu faire la ſtructure, ne ſont pas bien eſtablis; Les
experiences qui les ſouſtien-
nent ne ſont pas bié verifiées;
Et il faudroit vne nouuelle
prouiſion d'obſeruations faites auec la iuſteſſe & l'exacti-
tude qui ſont neceſſaires, pour
luy donner la forme & la ſoli-
dité que l'art & la ſcience de-
mandét, Mais de qui les pourroit-on attendre, puiſque ceux

qui les pourroient faire ne s'y
voudroient pas employer? Et
quand les pourroit-on attendre, puisqu'il y en a tant à faire, & qu'il y a tant de difficul-
tez à les bien faire ?

S'il s'en trouuoit pourtant
qui s'y vouluſſent occuper &
qui ne deſeſperaſſent pas de
pouuoir fournir à la dépenſe
d'vn ſi grand édifice, ils vous
auroient à mon aduis obligation de m'auoir engagé à ſouſtenir leur ouurage & à leur
marquer le fonds ſur lequel ils
peuuent trauailler. Mais ſi
i'oſe vous le dire, vous m'en
auez auſſi quelqu'vne ; car ſi
vous conſiderez mes employs
& mes eſtudes ordinaires,

vousverrezbié que ie m'enſuis
fort eſloigné pour ſuiure vos
inclinations; Et que ie ne pouuois vous donner vne preuue
plus aſſeurée de l'amitié que
i'ay pour vous, qu'en m'expo-
ſant à la cenſure pour ſatisfaire à voſtre curioſité. Ie ne dois
pas apprehender la voſtre ,
parce que ie ſçay qu'elle me
ſera fauorable ; mais ie crains
celle du public de qui il ne
faut iamais attendre de grace
& dont les iugemens ſont toûjours tres-ſeueres & quelque-
fois iniuſtes. Ne me faites donc
pas comparoiſtre deuant ce
rude Tribunal , ſi vous n'eſtes
bien aſſeuré que ie puiſſe éuiter la peine des Eſcriuains te-

meraires ; Et ne hazardez pas
fans grande precaution vn peu
d'eſtime que le bon-heur m'a
fait acquerir, & à la conſeruation de laquelle vous deuez à
mon aduis vous intereſſer,
puiſque vous ſçauez que ie
ſuis,

MONSIEVR,

De Paris ce 1.
Ianuier 1653.

Voſtre tres-humble,
& tres-affectionné
ſeruiteur,

LA CHAMBRE.

Fautes ſurüenuës en l'Impreſſion.

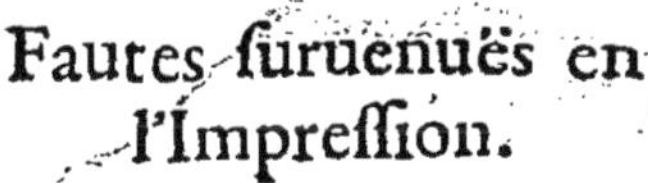

PAge 33. *ligne* 2. *plus noble, mettez apres vne virgule.*

Page 78. *lig.* 11. *ſaluatele, liſez ſaluatelle.*

Page 80. *lig.* 4. *venez, liſez venus.*

Page 98. *lig.* 18. *les Reims, liſez le Rein gauche.*

Page 105. *lig.* 5. *l'hepathique, liſez l'hepatique.*

Page 112. *lig.* 6. *s'en peuſt garantir, liſez peuſt s'en garantir.*

Page 143. *ligne* 14. *Homme, liſez l'Homme.*

9 782329 072074